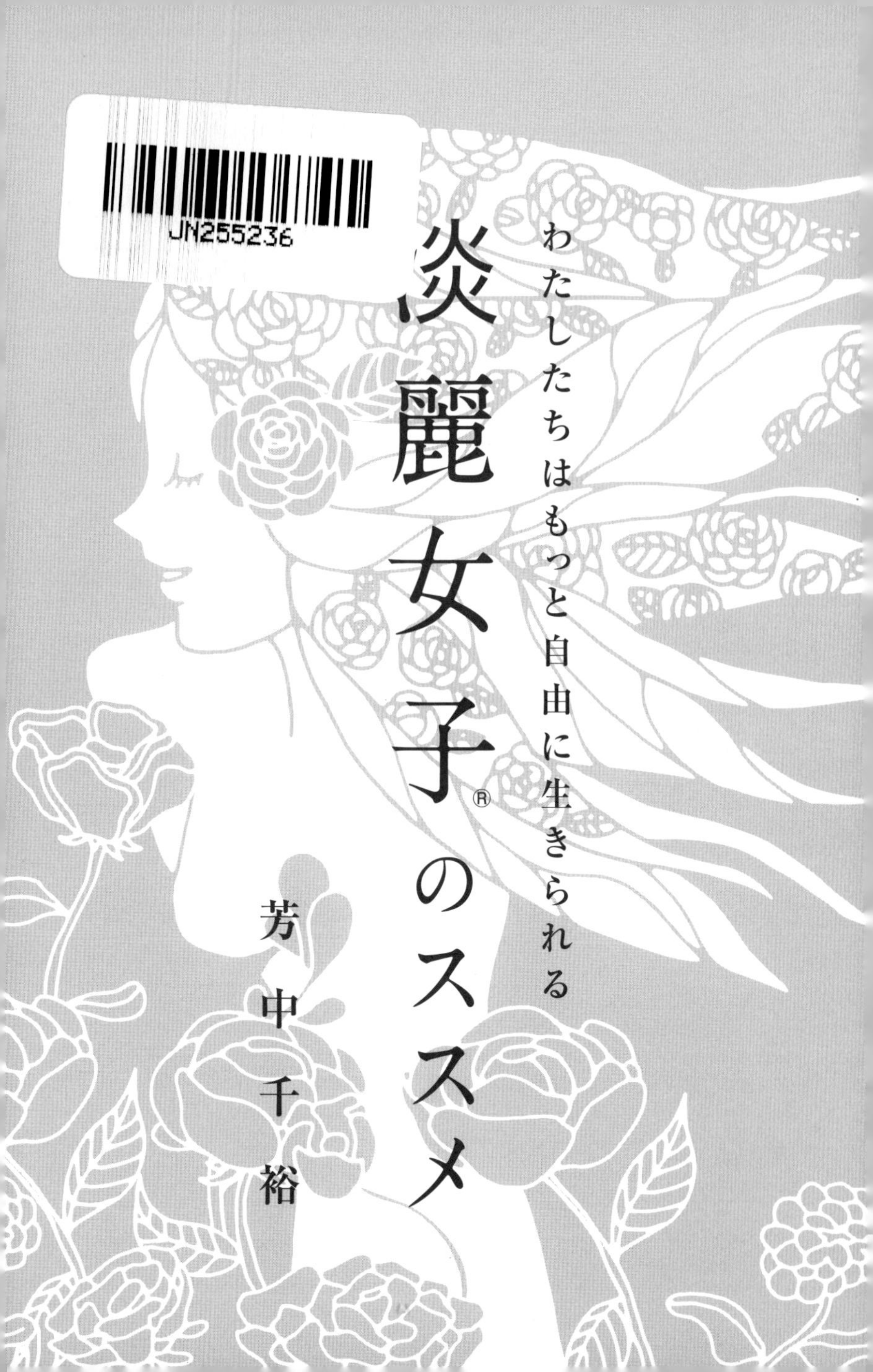

わたしたちはもっと自由に生きられる

淡麗女子®のススメ

芳中千裕

女性の生き方が画一的だったのは、もはや過去の話。
自分らしい人生を生きるために、
世に生まれ続ける新しい価値観に触れ、
ステレオタイプを壊す意識を持っている。
「美しく、しなやかに、潔く、生きる」
それが、淡麗女子。

プロローグ

わたしたちは、もっと自由に、自分らしく、働き方も生き方も選んでいける

大学時代、法学部だったわたしは、社会的マイノリティーの自立に関わる仕事に興味があり、研究対象も活動内容も、子どもや女性に関わることでした。女性でも弁護士になれば、意見も通りやすいし、法律や社会制度を変えることだってできる、なんて思っていました。

法律を勉強すると社会の仕組みや世間の風当たりを目の当たりにします。そこで知ったのが、女性って社会進出するには結構不利ということです。社会に出て働けといわれる割に、家事も、子育ても、介護も……結局引き受けてしまう人が多い現実。日本にはそんながんばり屋さんな女性が多いのに、政治家や、企業の管理職の女性割合は、先進国で最低です。

わたしは、弁護士にはなれなかったけど、今となってはむしろビジネスの世界のほうが、活躍の場があるのではないかと感じています。

実際に、わたしはインターネットを活用して、病気の母を看ながら、母の隣で仕事をし、生計を立てていたからです。この働き方は一つのモデルケースになると考えました。

わたしは、少し長めの学生時代を経て、会社員として就職。退職後はフリーランスとして独立。その後会社を設立し、大阪にオフィスを構えているものの、ほとんど出勤することはありません。家に居たい日は家に居るし、カフェにパソコンを持ち込んで仕事をすることもあります。

働く時間も、働く量も、収入も自分でコントロールできる自由な生活を送ることができています。

「自分の意思で自由に選択できる＝自分らしい生き方」ができていることに、清々しく幸せを感じている今だからこそ伝えられるメッセージがあるとすれば、この時代に生まれたわたしたちはラッキーだということ。

自分の選択次第で、働き方や生き方はカスタマイズできる。そんなふうに、自由に選択できる女性が増えたら、社会制度を変えるなんていう気の遠くなるような話をしなくても、女性の自立に貢献できる。それが、今わたしにできる最大の社会貢献であると気づくようになりました。

他人の評価や常識に左右されない、地に足をつけた女性が増えれば、日本も世界ももっとよくなるという確信です。そこで、誕生したのが、淡麗女子という考え方。

淡麗女子の考え方やスピリットをインストールしていただければ、もっと自由に自分らしい生き方を実現することができます。

不安定なこの時代を生き抜ける、仕事もプライベートも輝く女性こそが淡麗女子です。

淡麗女子とは、

一　美しく決断し行動している

一　しなやかに自立している

一　目に見えない価値を広げている

そんな生き方をしている人です。

今は、「何になるか」ではなく「どのように生きるか」で職業を選択できる時代です。

わたしたちの意識次第で、ワークスタイルだけでなく、結婚のスタイルもライフスタイルも自由に選んでいけます。

ライフもワークも分ける必要はないし、キャリアか子育てかも選ばなくてもいい時代です。

型にとらわれず、自由に、自分らしく生きる淡麗女子が増えれば、女性はもっとイキイキ輝ける。男性も子どもも、もっと生きやすくなる。そうしたら、世界はもっと温かくつながれる。

「淡麗女子」はわたしたちの基準。

昔から縛りの多い女性に生まれたわたしたちを解放したくて名付けたアイコンです。

わたしたちは女性であることを期待されて、期待に応えようとして生きてきました。

それは、男性も同じなのですが。

ただ、女性や男性というのは、生物的な便宜上の分類であって、しなやかだから女、論理的だから男というわけではありません。現に、しなやかで上品な男性もいるし、ロジカルな女性だっています。

実際にわたしのことを、女らしいという人もいれば、男らしいという人もいます。感性豊かという人もいれば、共感力がないという人もいます。

それでいいのです。それがナチュラル。他人の判断基準とわたしの基準は別だから。まぁ、言っている人の鏡になっているだけだと思うときもありますが。

だから、美人じゃないとか、おおざっぱとか、料理ができないとか、協調性がないとか、そんなの、人間的特徴の一つにしか過ぎないのだから、縛られないで生きたらいいのです。そう生きることを自分で許すだけでいいのだから。女性らしくという画一的な基準はもうおなかいっぱい。

もう21世紀です。みんな呪縛から解き放たれたら、もっと楽しくなりそうです。かくいうわたしも、縛られていました。女だからおとなしくいないといけない。女だから結婚したら料理作らないといけない。女だからリーダーをサポートする立場でいないといけないって。

でも、それらができるのって、ただのわたしの特徴だって気づきました。ただそれが得意だっただけ。女性であるか否かは別として。

魅力のためには女らしくいないと、女子力上げないと、って、もうしんどいから、そんなしょっぱいことはやめて、勇気をもって自分に自由をあげましょう。「女らしく」は、「わたしらしく」とは違うのだから。

わたしたちの基準は、「女性らしく」ではなく「自分らしく」でいきましょう。

この本では、わたしが淡麗女子を目指すまでの道のり、今の時代に合ったキャリアシフトの例、自由に自分らしく生きる淡麗女子になるための5ステップについて、事例をまじえながら詳しく書きました。

やりがいのある仕事がある。優しいパートナーもいる。今でも幸せ。でも何かが足りない……。そんながんばり屋さんのあなたに、人生の次のステージに行くヒントをたっぷりつめこみました。

淡麗女子のステージへ、一緒に進んでいきましょう。

わたしたちはもっと自由に生きられる

淡麗女子®のススメ

目次

STEP3 STANDARD 自分のあり方を見つける……103

第１章

わたしが淡麗女子を目指すまで

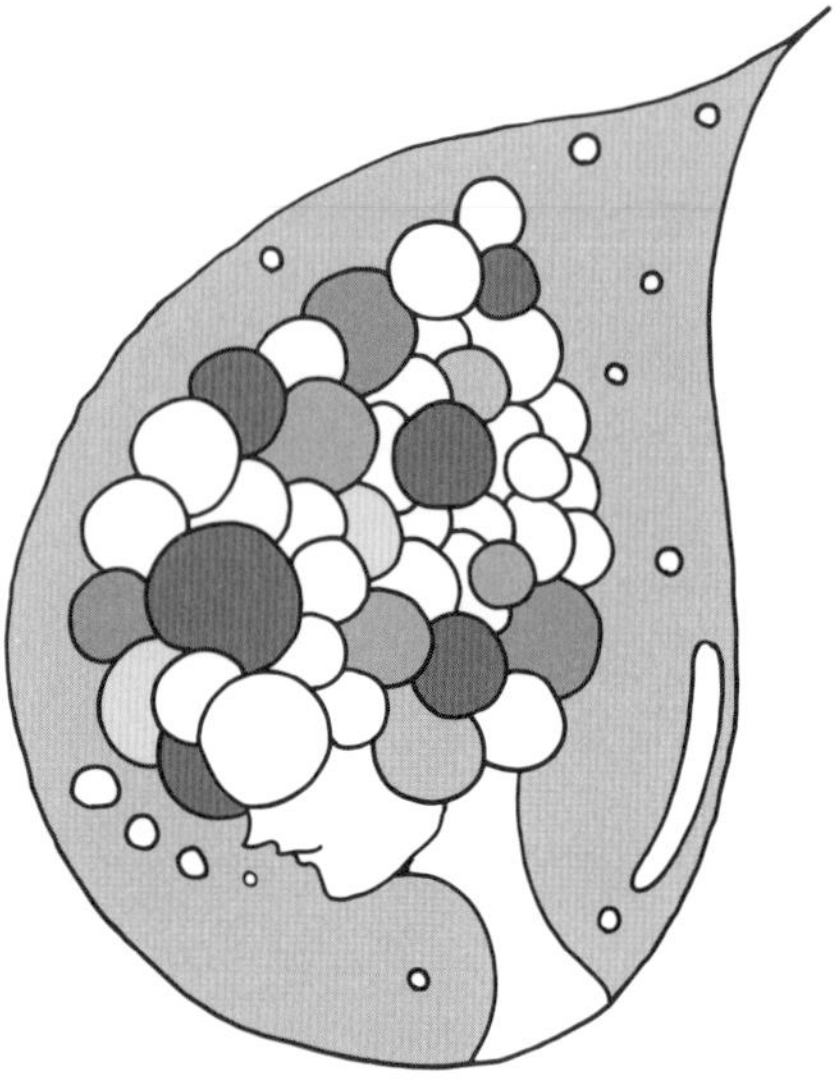

酸欠女子

【特徴】

組織の中で頑張っている人が多く、
人と合わせることに疲れてアップアップしがち。

【口ぐせ】

「時間がない」「お金がない」「才能がない」「だるい」
「めんどうくさい」「○○さんが言ってたから」

【信念】

「世界は不公平」「人生はあきらめ」「幸せは自己満足」

ステージアップのために

・言い訳しないマインドの習得
（STEP 1 へ…P.29）
・本気で仕事をすることで自信をつける
（STEP 2 へ…P.65）

燃焼女子

【特徴】

仕事にやりがいや物理的な達成感を得ている。

闘って生きている人が多く、時に燃え尽きダウンしている。

【口ぐせ】

「ワクワクする～」「目標達成！」「勝てる！」

「へこんだ～」「忙しいの～」

【信念】

「世界は厳しい」「人生は闘い」「幸せは自己実現」

ステージアップのために

・自分のあり方を見つける・人生の基盤を整える

・心自由に自分らしさを手に入れる・与える精神

・物質的な結果を手放す・世界を信頼する

(STEP 3 へ…P.103) (STEP 4 へ…P.123) (STEP 5 へ…P.151)

淡麗女子

一.　美しく決断し行動している

一.　しなやかに自立している

一.　目に見えない価値を広げている

【特徴】

仕事は生きがい。人生のテーマにそった生き方をしているので、仕事とプライベートの区別があまりない人が多い。

【口ぐせ】

「ありがたいなぁ」「わたしもうれしい」「なんでも勉強」「きっとなんでもうまくいく」

【信念】

「世界は優しい」「人生はつながり」

「幸せは一体感＝自分のしていることが大きな文脈の中で誰かに貢献できていること」

Stage 1　なんだか満たされない…酸欠女子時代

「宝くじ当たらないかな」「楽してやせたい」「いい男降ってこないかな」「一生寝て暮らしていきたい」ということを真剣に考えていた時代がありました。

お金がないのに物欲ばかりあって、社会的に活躍している人を見て、「わたしは何をしているのだろう」と自己嫌悪に陥ったり、お酒を飲んで現実逃避したりする日々。

学生時代が長かったので、まわりは社会人として活躍していたり、結婚して子どもを育てていたりと、まわりとのギャップを感じている時代でした。

息苦しいのは、社会のせいと被害者ぶって、イライラや憂鬱の感情の波に飲まれて酸欠状態。

人と比べて世界は不公平だと、欲求不満の塊でした。

そんな酸欠女子の時代を乗り越えられたのは、言い訳をやめて目の前のことに本気で取り組むことと、世間体や常識から自由になることでした。

Stage 2　仕事がやりがい！　燃焼女子時代

目の前の仕事に本気で取り組むことで、仕事を好きになれたり、楽しむことができたりするようになりました。

自分で稼げて、結果を出せる。人からも評価される。

働き方を工夫したり、人を巻き込んだりと、自分の責任で創り上げていくことにやりがいを感じて働いていました。

「仕事楽しい！　でもがんばりすぎて、からだがしんどい」状態。ひとつの仕事が終わるたびに燃え尽きて、モチベーションの維持が大変。

やりがいはあっても、生きがいみたいなものを感じることができませんでした。

仕事は闘いの場。世界は厳しい。だからがんばらなくてはいけない。そう思っていました。

「わたしには、もっとほかにできることがあるはず」

「わたしらしい働き方、生き方がしたい」

「でも、どうすればいいのかわからない」

そんな葛藤の中で、精も魂も尽き果てた燃焼女子時代。

がんばりすぎて体をこわしたとき、限られた体力と稼働時間の中で、わたしは自分の売上や損得を捨てて、自分ができることに集中しました。そうすることですごく心が楽になりました。元から自分のためだけにがんばるのが苦手だったのです。すると、体調もすこぶるよくなり、心も安定してきました。

燃焼女子の時代を乗り越えたのは、力を抜いて、物質的な結果にこだわるのを手放したときでした。

Stage 3　自由に自分らしく生きる。淡麗女子へ

結果にこだわることをやめ、人生のテーマを深掘りし、自分の生き方にフォーカスしたとき、淡麗女子のステージがありました。

お金や結果にとらわれず、人とのつながりや、信頼や、愛情など目に見えないもの

にこそ価値を感じることができたとき、心が自由になりました。

自分はちっぽけな存在ではあるけれど、自分のしていることが大きな文脈の中で誰かに貢献できている。

そんな一体感に幸せの意味を見出せたとき、自分の損得や勝ち負けよりも、目の前の人や今やっている仕事に真心を尽くせるようになりました。

仕事と日常の区別がほとんどなくなり、生きがいにあふれる毎日。

世界は優しいし、自分はどうやってでも生きていける。そんな安心感を得たとき、仕事も人もお金も自然と集まってくるようになりました。

淡麗女子は、静かに炎を燃やしながら、オリジナルの人生のテーマにそってしなやかに美しい生き方を創っていきます。

美しい生き方とは、自分に正直に、思いやりをもって心豊かに生きることです。

誰しも自由でありたいと思っています。でも、孤立することが怖いと妄想して、一歩踏み出せない人が多くいるように思います。

その孤独の恐怖から逃れるために、依存と従属を選ぶ人（酸欠女子）には、他人基準のアップアップした我慢の毎日が待っています。

仕事を通して結果や賞賛などの自己実現を図る人（燃焼女子）には、アップダウンが激しいながらも、好きなことややりがいを追求するメラメラした毎日が待っています。

そして、愛を通じて世界につながる人（淡麗女子）は、心が豊かでスーッと風のように自由な毎日が待っています。

真の自分らしさは、淡麗女子の中にあります。

今どのステージにいても、淡麗女子のマインドとスタイルを身につければ、心も体も自由に毎日を豊かに送ることができます。

他人の評価に左右されず、地に足つけて心豊かに生きられる人が増えると、日本も世界ももっと寛容になり、どんな人も生きやすくなる。そう信じています。

淡麗女子はキャリアアップではなくキャリアシフトする

大企業に勤めても終身雇用が期待できない今、母親の時代の生き方・働き方はモデルケースになりません。就職して、寿《ことぶき》退社し、専業主婦になって、子育てに励み、マイホームを購入し、夫の定年後は年金暮らしをしながら孫の成長を楽しみに生きていく。そういう生き方ができる人はごく一部です。定年まで働ける保証もなければ、退職後死ぬまで生きていけるだけの年金が支給される目処も立ちません。

働き方もパートナーシップのあり方も変わっていくのは必然です。

そんな今の時代にどのようにキャリアを築いていけばいいのかを考える上でのポイントは次の3点です。

・インターネットインフラを利用すること、
・リスクを分散すること、
・仲間とつながることです。

モデルケースとして、わたしがどのようにキャリアシフトしてきたかをご紹介します。

個人起業する方のサポートをしていても、同じようにこの3段階のキャリアシフトを経て自由になっていく方が多いです。

第1段階　自分に合うことがわからず、いろいろな仕事を模索するフェーズ

第2段階　小さく起業して組織から出て独立するフェーズ
第3段階　さまざまなジャンルの仕事に同時並行で携わるフェーズ

もう少し詳しく説明していきます。

第1段階
自分に合うことがわからず、いろいろな仕事を模索する

自分に合う仕事や働き方を一発で当てるなんて、相当至難です。やってみないとわからないことばかり。目の前の仕事をとにかく本気でやってみることを繰り返す段階が第1フェーズです。

アルバイトでも正社員でも雇用形態は問わずいろいろなことにチャレンジする時期です。

わたしの場合は、学生時代から塾の講師や神社の巫女、メイクモデル、通信販売の受注などさまざまなアルバイトに挑戦したり、NPO法人の運営、高校のバスケット

ボール部のコーチをしたりしてきました。会社員としても、企業法務やマーケティング、管理職を経験してきました。

いろいろなことにチャレンジして、自分の強みを探しながらスキルを磨く時期でした。目の前の仕事に本気で取り組んできたことは、経験という大きな財産になっています。

第2段階　小さく起業して組織から出て独立する

情報化社会といわれて久しい今、企業と個人の力関係も変わってきています。ＳＮＳやブログで個人が簡単に情報を発信することができるからです。スマホがあればその情報を受け取ることができます。大きなメディアや販売戦略がなくても、低リスクで起業できる時代。自分のスキルや経験で独立するチャンスは広がりました。

わたしの場合は、会社を辞めてから、ライターやカウンセラー、行政書士として独立しました。

自分の力で自分の責任でビジネスをするという経験はスリリングであり、やりがいにあふれるものです。変化に抗わず、しなやかにチャンスの波に乗る経験は、変化の時代に必須のスキルを身につける上でとても重要です。

第3段階　さまざまなジャンルの仕事に同時並行で携わる

現在は、経営コンサルティング、美容施設のプロデュース、お醤油のプロモーション、広告表現の指導、社員の育成やカウンセリング、セミナーや大学での講師、企業PRのサポート、契約書作成、離婚カウンセリング、写真撮影など、さまざまなジャンルの仕事をしています。

「○○という資格があるからお願いしたい」という仕事の依頼のされ方ではなく、「あなただからお願いしたい」という仕事を自分のペースで受けていくことができます。さまざまなジャンルの方とお仕事をご一緒することで、多彩な仲間も増えていきます。

収入の柱が複数あることは、自分の幅を広げることができると同時に、リスクの分散にもなります。仕事を通して信頼関係を結んでいくことで、つながることの尊さや、大きな文脈の中で生かされている実感を得ることができます。今後の仕事も広げたり、縮小したりすることを繰り返して成長していける働き方です。

このように、インターネットインフラによる拡散力、複数の仕事を持つことによるリスク分散、仲間とつながり信頼関係を構築していくことが、これからの変化の時代に合ったキャリアでは重要です。

この3つのキャリアを経ることが、今の時代の一つのモデルケースとなります。

わたしの場合は、さまざまなジャンルの仕事にかかわるようになって、淡麗女子の世界が見え始めました。しかし、どの段階の働き方であっても、淡麗女子のスタイルを持っていれば、もっと自由に自分らしく生きることができます。

次の第2章では、そんな淡麗女子になるための5つのステップについて解説していきます。

第2章

淡麗女子への5STEP

STEP1　MIND

常識から自由になる

人生でしなければならないことなんて何もない。
あなたの当たり前、世間の常識、親の意見。
全部脱いで自分らしさを身にまとおう。

人生に目標は要らない

世の中の成功法則は、目標やゴールを決めることから始まるものがほとんどです。本屋に並ぶ成功法則は、アメリカなど海外から輸入しているものが多くて、文化の違うわたしたちには合わないものが多いと感じています。

だいたい人生に目標なんて決めてしまったら、予定調和な人生の出来上がり。楽しみに欠けてしまいます。

なぜなら人生に具体的な目標を決めると、自分の可能性をその枠に閉じ込めてしまいがちだから。ビジネスみたいに目標やゴールなんて決めなくていいのです。その代わり考えてほしいのは、人生のテーマ。どんな生き方がしたいのか、どんな自分でありたいのか、ということです。

気をつけたいのは、

・億万長者になる
・素敵な人と結婚する
・アイドルになる

みたいに有形の何かを手に入れることを目標にしてしまうと、一つ達成してもどんどん別の手に入れるものを探していかなければならず、永遠に消化不良の不満足な人生が出来上がってしまいます。

そうではなく、「どんな状態の自分でありたいのか」「どんな存在でありたいのか」を人生のテーマとしてあげてほしいのです。

例えば、

・心が豊かなわたし
・まわりに優しいわたし
・愛を与えられるわたし
・柔軟でチャレンジングなわたし

など、テーマが決まれば、それがあなたの人生を選んでいく基準になります。目の前に選択肢が現れたら、テーマを大切に丁寧に思いのままに選んでいけばいいのです。そうすれば予想もできない楽しい人生が待っています。

わたしの人生のテーマは、「自由に自分らしく生きていく豊かさを広げる生き方」をしていくこと。だから、自分らしくチャレンジできるしなやかさを持ったわたしであり続けたいです。

この本を書くこともチャレンジの一つです。この出版を通して、自分らしく生きていくため一歩を踏み出す勇気を送る活動をしたいです。

そして人生のテーマはいつだって変更可能。だから、「決めたら守らなければならない」なんて思わず、「わたしは◯◯な生き方をする」とまず軽やかに決めてしまいましょう。

テーマの決め方は後述のＳＴＥＰ３で具体的にお伝えしますね。

女性として生きない

女性としての役割って、あるのかもしれません。毎月のホルモンバランスに振り回されて培った忍耐力だったり、出産できる能力だったり、母性みたいなものだったり……。

だけど、その役割って本当に必要ですか？

確かに、お料理ができるとか、細やかな気遣いができるとか、優しいとか、色気があるとか、世間的に女性に求められているものも感じます。ただやっぱり、すでに色づけされた女性の役割ではなく、自分の役目を考えてほしいのです。

例えば、家事も子育ても、女性だからするのではなく、自分で考えて、すると決めて行動する。それって、当たり前のことだけど、家のことを全部するのがいい妻みたいな世間のステレオタイプに引っ張られて、素直にできない人もいるのではないでしょうか。

人に依存したくなるときも、頼りたくなるときも確かにあります。それを認めて、自分がどうありたいか。家事も子育ても、家族で分担してもいいし、外部のサービスにお願いしてもいいのです。そういう選択肢を取っ払って、女だから、妻だからという理由で、自分のやりたいことやキャリアを捨てる必要はありません。

多数意見もあるかもしれないけど、自分はどうありたいか。それを考え続けるのが、自分の人生を生きるということなのです。

自己犠牲は美しくない

自分軸、他人軸、なんて言葉が市民権を得てきたように思います。

その違いは、選択するための基準が自分にあるか、他人にあるかです。他人にある人は、悪い結果を他人のせいにしがちです。

例えば、結婚して失敗したら、「あの人はあたしを幸せにするって言ったのに」「あの人は夫のことを結婚相手に最高って言ったのに」とか。仕事で失敗したら、「あの人がこのやり方がいいって紹介したから」と被害感情に支配されて生きている人は、他人軸で生きている人。他人の考えや基準で生きているので、自分で責任を取りません。

他人に決定権を委ねたとしても、その他人に委ねると決意した自分に懸けているなら、それは自分軸。

例えば、知人から「起業のことで話を聞いてあげてほしい人がいるから時間作ってあげて」と言われたとき、その知人に嫌われたくないから時間を作るのは、他人軸。面白そうな人だし会ってみたいな、と思って時間を作るのは自分軸です。もちろん、食指が動かないから会わないと決めるのも自分軸の決断。

自分の時間を犠牲にして、一人のために時間を使うなら、例えばその時間を使ってブログやメルマガを書けば、より多くの人を勇気づけられるかもしれません。あなたにやりたいことがあるなら、そちらに時間を使うときかもしれません。

自己犠牲は美徳ではありません。生きることは我慢することでもありません。他人の顔色や評価を気にして自分にとって重要なことをないがしろにするのはもったいないです。他人軸で生きることは、自分を薄めて生きること。酸欠になって息苦しいです。

生まれたときから、死へのカウントダウンは始まっています。有限な自分の時間、やりたいことや人生のテーマのために生きていきましょう。

幸せを探した時点で不幸せになる

「幸せになりたい」

そう思っている人は、残念ながら幸せに遠い人なのです。

なぜなら、「幸せになりたい」ということは、「今は幸せでない」という前提があるから。

お金がある人のところにお金がどんどん集まるように、幸せな人のところに幸せはどんどん集まってきます。

・朝、お肌の調子がよかった
・お昼に食べたエビがおいしかった
・コピーがうまくとれた
・無事に家に帰れた
・友人がＬＩＮＥをくれた

などなど、幸せって気がつけばそこにあるもの。そういう幸せを見つけられる人が、どんどん幸せになっていきます。

まずは、自分の幸せを認めてみる。エレベータを降りるタイミングがずれて挟まったって、降りられて幸せ。恥ずかしい自分も、ドジな自分も全部ＯＫ！　って、認めてあげる。それが自分らしさの始まりです。

今も幸せな状態で、これからも幸せな状態であると決める。

幸福追求権という生きるための根本的な権利が憲法第十三条に定められています。今も幸せだけど、さらに幸せを求めていいんだっていうメッセージが素敵な権利ですね。

だから、「幸せになりたい」ではなく、「幸せでありたい」と決めてしまいましょう。

情報は疑うことで強みになる

会議で反対意見を言う。授業で手を上げて発言する。そんなレベルでもまだまだ人と変わったことをしたり、考えたり、言ったりする人は、「変な人」とレッテルを貼られて生きにくいです。日本人は迎合するのが得意だから、情報リテラシーもなしに聞いたことを丸呑みしてしまう人もいます。

例えば、日本の治安は年々よくなっている、なんて言うと、「犯罪増えてるでしょ！」と反抗してくる人がいます。殺人事件も自殺数も統計上減っていてグラフは右肩下がりなのに。

マスメディアかワイドショーの影響かはわかりませんが、「最近は犯罪が多い」とか、「家族間でも殺人が起きて世も末だ」なんていう人もいます。

悲しいけど、殺人なんて昔から身内で起きるのがノーマルバージョン。調べたらそんなことすぐにわかります。

そして、小さなニュースを大げさに取り上げるのもマスコミ。つまり日本は平和だということです。なのに、わざわざ心配事を作り出して心配している人が多い。それはネガティブなことは心に留まりやすいから。生存本能が正常に動いているから、命にかかわるかもしれないネガティブニュースを心に留めてしまうのです。

しかしわたしたちは、思考停止せず、情報を心配するためにではなく、正しく見て正しく考えるようにしたいです。

情報があふれているけど、情報を鵜呑みにしてしまうのは、他人軸で生きているということ。だから、テレビを見ても、「その情報本当？」と疑ってみることが大切です。

自分の頭で考えて、自分の意見を言える人が増えないと、国家が思想コントロールしやすい国民を作ってしまいます。それができないと戦争できないから。

ちょっと話がずれたけれど、そんな平和な日本だから、チャレンジする障壁はかなり低いのに、挑戦しない人が多い。だって何もしなくても生きていけるから。

だから、起業したい人やその他大勢から抜け出したい人はチャンスです。起業するのにも、学びにも、事業にも、チャレンジにも、お金や時間がかかる。努力しないと前に進めない。家族に反対されることもある。

だからこそ、そんなふうに自分を奮い立たせられる人は貴重で尊い存在。

だけど、心は安定や楽することを求めるから、「このままでいいやん」って心の声に負けちゃう人もいる。心のさらに奥で、「がんばりたい」「もっと成長したい」って魂が叫んでいるのに。心と魂の言っていることが違うから、人はモヤモヤしちゃうのです。「楽したい」と「がんばりたい」の狭間で。

もがいたり、がんばれることは、やっぱり才能。だから、この日本でチャレンジャーでかつ、情報を正しく見て正しく考える教養を身につければ怖いものなしです。

親は大切にしなくていい

先に宣言しておきたいのは、わたしたちは親孝行のために生きているわけではありません。

親の都合でこの世に生み出されたにもかかわらず、こんなに一生懸命生きているわたしたち。本当はそれだけで親孝行達成です。

なんて言えるのも、わたしの個性を見て、ちゃんと育ててくれた親がいるからで、本当はわたしも感謝しているのですけどね。

わたしたちが人生でぶつかる壁の一つに、親離れ、子離れ問題があります。小さいころ親に愛されることしか生きるすべがなかったわたしたちは、どうにかしていい子でいようとする癖がついてしまったり、親を絶対的な存在と感じがち。親の言葉も期待もすんなりと受け入れてしまいがちです。

しかし、親には親の人生があります。わたしの幸せと、親の幸せは別のもの。大人になった今、お互いに責任を負う必要はありません。

わたしの人生はわたしの人生。親にもパートナーにも誰にも、わたしの人生の舵は取らせない。その覚悟が、精神的自立であり、自由に自分らしく生きるための一歩です。

「幸せ＝自由」じゃない

ちょっと哲学的な話をしたいのですが、「本当の幸せって何？」と考えたことはありますか？

わたしはずっと幸せとは自由であることだと思っていたのですが、自由でも物足りない自分がいることに気づきました。

今のわたしの結論は、「一体感」が幸せの正体だと思っています。大雑把に言うと、「あぁ世界とつながってるな～」という感じです。

逆に言うと、バラバラなときに人はネガティブな感情を持ちやすいです。例えば、自分が思っていることと、実際にやっていることがバラバラ。大切な人と住む世界が離れてバラバラ。理想と現実がバラバラ。言っていることと、やっていることがバラバラ。自分の伝えたいことと相手が理解していることがバラバラ。などなど。

そんなときは、世界とつながっていることを確認してみてください。

仕事を通してお客さんにつながることでもいいし、海を見て、ちっぽけだけど地球上に存在しているんだなぁという確認でもいいです。だから、もししんどくなったら、何がバラバラになっているのか自分に聞いてみてくださいね。

不安は次のステージへのヒント

最近のマイブームは、性格分析です（笑）。

わたしは5〜6歳のころから、自分ではコントロールできない周りの環境を客観的に見て、分析して、だから今こうなってるんだ、みたいに結論づけて安心するような子どもでした。

例えば、小学校の暴力教師（自分の気に食わないことを生徒がしたら、鼻血出るまで生徒を殴るような先生）がいたんですね。「俺はおまえらのことを愛してるから、体当たりで指導してるんや。俺も痛いんや」みたいな、自称熱血教師。

意外なことに、その先生を嫌いだという生徒はいなかったのです（今思えば、怖くて嫌いとは言えなかったのかもしれない）。

でも、わたしは、「この人は、ブスでデブだから、きっといじめられて悔しい思いをしてきたのかもしれない。だから、強さを誇示するために、権力を得るために、小学校の先生になったんだろう」と分析して、弱い者の犠牲の上に自分の過去を乗り越えようとする、程度の低い大人、と勝手に下に見て解決していました。いやな小学生だったと思うけど、そうでもしないと、いつ殴られるかわからない恐怖って乗り越えられなかったのだと思います。

そんな感じで分析するのはわたしの趣味になっていました。

ただ、その理由も今ならわかります。小学生のころは知らないことが多すぎて、新聞も本も満足に読めないし、テレビのクイズ番組の答えもわからない。そのように自分に知識がないことが怖かったから。だから、知識や情報を得ることでそれを乗り越えようとしていたのです。図書館の本を片っ端から読んだり、大人の会話を盗み聞きして情報を得ようとする子どもでした。本は、週に20冊以上、暇があれば図書館や地域の施設に借りにいっていました。本の虫状態ですね。

人には、不安や恐怖のタネがあります。そのタネが何なのかと、それを乗り越えようとする方法に性格の特徴が現れます。

わたしの場合は、何もないわたしという不安が、知識や情報を入れて分析するという衝動になり、それで乗り越えようとする癖がついています。裏返しとして、知識や情報があるかないかで人の価値を判断しがちなところもあるかもしれません。

だから、自分の不安のタネと、その乗り越え方が自分の性格の本質。わたしは、そ

れに気づいてから、

・知識よりも大切なこともある
・無駄に見えることにも意味はある
・頭ばっかり使わなくても、もっと直感的に選択してもいい
・直感も感情も大事な一要素

と思って、楽になり、仕事の幅も広がりました。囚われがなくなった感じです。自分も他人も許容できる器ができます。

だから、不安のタネを見つけると、人生の次のステージへのヒントが見つかります。
そして、その不安のタネは、人によっていろいろとあることがわかってきました。
出会う人を見ていると、不安のタネが、次の中に隠れている人が多いです。

・完璧でない自分や他人への怒り
・結果を出すことへの執着
・してもらうことで他者から嫌われることへの恐怖
・自分が特別じゃなく、平凡である恐れ

・権力者の期待に応えないといけないという囚われ
・弱い自分が露呈する怖さ
・環境を乱してはならないという執着
・役に立たないちっぽけな自分である恐れ

あなたは、どれがいちばん怖いですか？　それを乗り越えるための衝動が、あなたのモチベーションを作っています。その不安のタネに気づいて、そんなに恐れなくてもいいことなのだって思えると、自己嫌悪から逃れられるし、自分の可能性も広がります。他者に対しても優しくなれます。ただ、不安のタネに気づいたときに、どーん！　となるかもしれません（笑）。

まずは、不安のタネを知って、自分に対して優しくなってみてください。

失敗すると成功確率が上がる

失敗とは、一つのできない方法を知ることができたということです。失敗で終わらせるから、失敗なだけで、次に進めばもはや失敗ではないのです。

野球だって、十打席立って、六打席空振り三振でも、四打席だけヒットを打てば大成功なんでしょ？　六打席失敗したと考えている人は、いないのではないでしょうか。そのような感じで、空振りしても、ファールしても、アウトになっても、修正してヒットにつなげていく。そういう考えができれば、いつまでも落ち込んでいられません。

壁なら登ればいいし、扉なら開ければいいし、石ころならまたいでいけばいいんです。失敗したから恥ずかしい、カッコ悪いなんて、他人にどう思われているかを気にして生きるのはしんどいです。自分の心の真ん中で求めているものに耳を傾けてみてください。

あなたの築きたい世界はどんな世界ですか？　失敗はそのためのデータを一つ得たということ。成功確率が上がったということです。

感情はコントロールするもの

落ち込んだり、悩んだりするのは、暇だからです。やりたいことがあるなら、成し遂げたいことがあるなら、感情にふらついている暇なんてないはずです。変わりたいと思うなら習慣や癖を変えることです。意識が変われば行動が変わり、行動が変われば習慣が変わり、習慣が変われば結果が変わるからです。落ち込むのが習慣になってしまっているのなら、意識を変えることです。意識を変えるには、環境を変えることです。変えるのは、ひと、もの、ことです。

【ひと】

自分の目指す世界にいる人の近くにいるのはオススメです。きっとあなたの共感力や順応力をレベルアップしてくれます。人から受ける影響は、思いのほか大きいです。感情が不安定な時期は、つき合う人も選んでいきましょう。

【もの】

今持っているものは心地の良いものですか？　不要なものを家に置いていません

か？　仕事道具は機能的ですか？　生けたお花は枯れていませんか？

【こと】

今していることは重要ですか？　ＳＮＳの見すぎでエネルギー奪われていませんか？　テレビのつけっぱなしで、情報に受け身になっていませんか？

感情をコントロールすることは、感情にふたをすることではありません。自分の感情に向き合って、行動するエネルギーに変えていくことです。そのためにも今の環境を見直していきましょう。

与えることを当たり前に

例えば、食事に行った相手が自分より高収入だったら、ご馳走してもらって当たり前。相手が自分より経験豊富だったら、言葉が足りなくても察してアドバイスもらえるのが当たり前。いつまでも、子どものようなクレクレ思考ではチャンスはまわってきません。

ペイフォワードの精神なんていいますが、長い目で見ると与えることができる人に大きな成果はやってきます。いつまでも、もらうことに甘えていると、チャンスは去っていきます。いつまでも損得を基準に生きていると、人生をどんどん消耗していきます。

当たり前の反対は、ありがとうです。与えてもらうことに慣れてしまっていると気づきにくいですが、もらうことは、ありがたいことです。

そして、もらうものより、与えるものが多くなったときに、淡麗女子のステージはやってきます。

だから、与えることが当たり前になるように、ひとり時間に、いつも元気をくれるあの人のために自分ができることは何か、もらったものを活かす方法は何か、考えていきたいですね。

笑顔であいさつをする、教えてもらった本の感想を伝える、会議室にアロマを焚いてみる、エレベーターのボタンを押してあげるなど、小さなことからでいいのです。

自分が与えられるもの、きっとあります。

願望を書き出しても道は拓けない

「わたしが本当にしたいことは何なのだろう？」

「どうやって生きていけばいいのだろう？」

そんなモンモンとした葛藤に悩む酸欠女子や燃焼女子のステージ脱出のためには、行動しかないと思っています。悩んでも、考えても、願望をノートに書き出しても、わたしは全然ダメで、自分の性質上、目標設定する系（成功法則によく書いてありますよね）も効果なしでした。

なので、なんでもいいから始めよう、行動しようと思って、物販をしたり、ライターをしたり、オリジナルの電化製品を工場に頼んで作ってもらったりもしましたが、自転車操業な上に、生きがいもないという状態。お金のために働いている会社員状態でした。

そんなときに、ウェブマーケティングの講座を見つけたので、受講しました。そして、今の働き方を見つけました。特に酸欠女子のステージにいるときは、考えたり悩んだりすることにエネルギーを使って、行動できません。なので、行動できるタネがあるなら、それを信じて行動することで、次の光が見えます。わたしの場合は、そのウェブマーケティングの講座でした。そのおかげで今のわたしがいます。

結局行動しないと次は見えてこないのです。

やりたいことを100個書き出すワークもしましたが、今はそれが時間とエネルギーの無駄だったと思います。やったことがある人ならわかると思いますが、やりたいこと100個だと、60個くらい書くと、書くことがなくなって、海外旅行と書いたところに取り消し線を引いて、アメリカ旅行、フランス旅行、ドイツ旅行と書き直す羽目になります。ひどいと、アメリカ旅行をまた消して、ハワイ旅行、ニューヨーク旅行、LA旅行と数を稼ぎ出します。

時間の無駄だと思ったのは、そんなことをいくら書いても、行動して、ビジネスして、自分のステージが変わると、やりたいことなんて変わるのです。

だから、目の前にチャンスがあるなら、飛び込んでみるしか、未来は拓けない。わたしはそう思います。

だから、ピンとくるものをやってみる。それから、先が見えてくることは往々にしてあります。わたしの場合が、ゴール設定してそれに向かうタイプではなく、行動して道を拓くタイプだったからというのもあります。

あなたは、ゴールを設定したら進んでいけるタイプですか？　それとも、やってみて道を拓くタイプですか？

ゴール設定は不要

酸欠女子や燃焼女子のステージを打破すべく行動を起こすために、前節でこのような質問をしました。

> あなたは、ゴールを設定したら進んでいけるタイプですか？
> それとも、やってみて道を拓くタイプですか？

もう少し深掘りしてみたいと思います。

【ゴールや目的を決めて、逆算思考でコツコツ仕事するタイプ】の方は、まず、目標を決めることで、動きやすくなります。他方、【やってみて道を拓いていくタイプ】の方は、とりあえず行動しながら考えるのが、合っています。会社勤めが長い人だと、前者のやり方を教えられてきているので、自分は前者だと思うかもしれませんが、性質は後者ということもあります（←これがわたしでした）。

前者の特徴としては、

・考えて決めてから行動する

・目的や期限があると安心する
・あいまいなことがストレス
・計画どおりに動くのが得意
・目的が明確になった時に加速する

後者の特徴としては、

・とりあえず行動しながら考える
・目的はあいまいでちょうどいい
・期限があるとストレス
・臨機応変に動くのが得意
・締め切り直前に爆発的に能力を発揮する

ということがあります。

どちらか見えてきましたか？

わたしは、会社員時代は、前者の修行をしていました。会社の目標のために、自分や、自分の部署の役割に即して、企画し、計画し、行動ノルマに落とし込む。それで、成果を上げてきました。

しかし、一人で起業してみると、何もかもが自由になります。目標も誰も決めてくれません。そうなったときに、動けなくなったのです。環境が大きく変わったときに、少し自分を見失ったのかもしれません。ゴール設定しないと動けないと思っていたのは、自分の本質的な性質が理解できていなかったからです。

本質的には後者の性質を持っていたので、目標なんてなくても、したいことは見つけられるのに、目標がないことに焦って余計なエネルギーをとられていたように思います。

わたしは、コンサルティングしているときによく「ビジネスは、自分と向き合うことの連続だ」ということを言います。ビジネスをしていると、「自分の想いは何か?」「自分は何ができるのか?」「どんな人のお役に立てるのか?」「社会に対してどのような影響を与えられるのか?」という問いを常に自分に問いかけることになります。

しかし、それだけでなく、ストレスなく物事を進めていくために、自分の性質を知ることも大切です。

コンサルティングのときも、起業準備中の前者の人には、きっちり目標設定することを促します。後者の人には、「とりあえずやってみよ！」と言います。そして、最終的には、前者の性質も、後者の性質も合わせ技で取り入れていけたときに、ビジネスも精神も安定します。

だから、ビジネスマンとしては両方使えるようになりたいので、はじめはできるだけストレスなく動ける方法をとることです。

セルフイメージは低いほうがうまくいく

「セルフイメージを高めればうまくいく」「成功するにはセルフイメージを高めよう」というウソがはびこる世の中に、一石を投じたいと思います。現実とかけ離れた、なりたい自分像という高いセルフイメージは、毒でしかありません。なりたい自分を冷静に見たときに、そうなれていない自分との落差に気を失いそうになるから。

大切なのは、なりたい自分より、ありたい自分をイメージすること。人生のテーマ、自分の生き方の指針です。セルフイメージは、米粒以下のちっぽけな自分で大丈夫。すごい人ほど自分の小ささを知っています。

わたしも、モヤモヤしたときは、海に行って、塵のような自分の存在に絶望して希望にしています。どうせ塵みたいな存在だったら、何したって恥ずかしくないし、失敗も怖くないって思えますから。

大切なのは1ミリ程度でも確かに存在して、世界につながっていることを確認すること。

大丈夫。小さくたって可能性は無限大（笑）。

未来が見えていなければ叶う可能性は50%

未来は見えないから、行動するのには勇気が要ります。ただ、うまくいくかもしれないのに、勝手にできない未来を想像して不安になるのはもったいないです。勝手に不安を作り出して落ち込んでいる。気のせいや妄想に振り回されすぎるのは時間やエネルギーの浪費です。

わたしが、先の見えないことをするときにいつも思うのは、できるかできないかは50%。だからやるしかないと思います。量子力学でいうところのシュレディンガーの確率解釈です。例えば、好きな人に告白してＯＫされるかどうかも、試験を受けて合格するかどうかも、ビジネスで成功するかどうかも、確率は50%。もちろんよい結果になるように努力しますが、やる前から結果はわかりません。可能性は五分五分です。

だから、確率１００%でないとできない完璧主義では一生動けません。人生やってみないとわからないことだらけです。すべての確率は開けてみるまで五分五分だから。

女は女らしくの誤まった解釈

最近不思議に思うのは、「自分軸で生きよう」「自分基準を知ろう」「執着を捨てよう」なんてことを声高に言っている人が、「女子力を高めよう」とか、「女性らしく生きる」とか、「わたしである前に女であることに気づこう」とか言っていること。

……変じゃないですか？

だいたい「女らしさ」や「女子力」などという社会や世間や性別役割分業なんていう文化が決めてきたザ・他人基準に囚われている時点で、すっごく不自由です。

それを基準に他人をジャッジして、自分もジャッジして縛りつけて、苦しくなりそうです。女性らしいからあなたが好きって言われてうれしいですか？　女子力高いから価値があると言われて興奮しますか？

わたしは、あなただからあなたが好きって言われたほうがうれしいです。本音で生きているありのままの君が好きって言われたほうがいいと思いませんか。女である前に、わたしはわたしなのですから。

別にジェンダーレスを目指せと言っているわけではありません。ただ、ナチュラルな自分で勝負できないってつらいのではないでしょうか。

女の子が木登りしたらお転婆といわれるのも、その名残。自然体でいたら、「木登りしている君が好き」って言ってくれる人は寄ってくるのに。何重にも世間の基準を身にまとって、しんどくなっています。そして、たくさん他人基準を着込んだわたしたちの前に現れる、友だちも、恋人も、配偶者も、誰も彼も「わたしのことなんてわかってくれない」と不幸ぶる。

これ最悪のループです。自分の蒔いた種なのに。

女性らしさより、自分がしたいことや自分のあり方を追求したほうが、ずっとずっと素直に、ありのままでいられます。そして、自分にぴったりのひと・もの・ことが現れる。だから、女である前に、自分を大切にしましょう。そうしたら、わたしたちはもっと自由に生きられるのだから。

STEP2　BUSINESS
仕事を通して成長する

酸欠女子：お金のためだけに働く
燃焼女子：好きなことやワクワクのために働く
淡麗女子：生きがいのために働く

働き方＝生き方

働き方で、人生の充実度は変わります。

わたしたちが心のど真ん中で求めているものは二つ。

①自分を磨きたい（自己成長）

②人の役に立ちたい（他者貢献）

この二つを満たすことができるのが、仕事だからです。

だけど、仕事を苦しいと思っていたり、無理しながら長時間がんばりすぎている人がいるのも事実。食べていくために働いているときって、けっこうしんどいです。朝、出勤するために起きて、満員電車に詰め込まれ、働いて、パンパンになった足を引きずりながら帰って、明日また働くために寝る。お金をもらうために働いているのに、そのお金を会社で疲れた体を癒すためのマッサージ費に使い、週明けに備える。

「食べるために生きるな。生きるために食べよ」とソクラテスが言ったそうですが、このような食べるためだけに仕事する働き方をライスワークといいます。酸欠女子に多い働き方です。このような働き方は、仕事とプライベートが分離しています。たとえば、ある人の人生で大切なことは自分を表現することなのに、会社では、自分を薄めて上司の言うとおりにしか動けていないという状況。仕事に求めることと、人生で求めていることがバラバラの苦しさがあります。楽したい、お金が欲しい、という欲望に支配されているから、「眠いからやらない」「面倒くさいからやらない」「どうやってサボってやろうか考える」ということが結構あります。何かあれば人のせいにするし、継続できない、ヒステリックに権利ばかり主張するという特徴も。

そんなつらい仕事でも、本気でやってやるぜと燃えた人から次のステージがやってきます。それが、仕事がやりがいになる働き方。燃焼女子のステージです。

好きなことやワクワクすることを仕事に求める。でも、酸欠女子や燃焼女子のその働き方は、まだ自分のことしか考えていない働き方です。

このような働き方をしている人によく質問されることは、

「モチベーションが上がりません」

「どうすればモチベーションを維持できますか？」

という類のもの。自分を満たすことが第一優先なので、エネルギーが切れやすい。好きとかワクワクといった感情を優先するので、精神的に不安定な人が多いです。

わたしもこのような働き方をしているときは、数字や実績が常に気になり、達成したときはうれしすぎて興奮しました。しかし、プロジェクトが終わるたびに魂が抜けて、再起するのに時間がかかっていました。すごくワクワクしたり、かと思えば抜け殻のように家で丸くなったり、イライラして食欲が止まらなかったり。エネルギーが上がったり下がったり忙しいのです。

起業してからずっとそんな時期が続いていたのですが、あるとき、発熱と倦怠感が続き、過労と診断されてしまいました。仕事に使える体力が少なくなってしまったとき、売上げや数字なんてどうでもよくなり、目の前にいるクライアントにだけ集中するようにしました。ビジネスマンとして体調を理由に仕事を放り出すことなんてできません。自分に課せられた責任を果たすには、マニュアルどおりするのではなく、目の前のお客さんに集中しよう。その人のために自分ができることはなんでも提供しよう。そう思考を切り替えると、仕事も楽しく、感謝のメッセージも増え、体の調子もすこぶるよい。その働き方を続けていると、期待していなかった収入も跳ね上がりました。クライアントや社会とつながりを感じるようになり、仕事に生きがいを感じるようになると、仕事だけでなく、生きることも楽になりました。生きづらさを感じて生きてきたわたしにとっては、本当にありがたい経験でした。

このように、仕事がやりがいではなく生きがいになることが淡麗女子の生き方です。淡麗女子は、ワクワクのために働くのではなく、そのワクワクを成果につなげようと尽力することにエネルギーを循環させます。ですので、「もっと楽して働きたいな」とか「仕事やめたいな」とか「このまま働いて幸せになれるのかな」などといった考えが吹き飛びます。

淡麗女子の働き方は、つながる働き方。社会とつながれていること、心と体がつながっていること、何より仕事と人生がつながっていることを感じながら働くことができます。自分を満たすことよりも、そういうつながりに素直に感謝できるようになったときに、淡麗女子のステージが現れます。

幸せの定義は人それぞれです。そして、その定義によって、人生の充実度が違うことに気がつきました。

経営コンサルなどで、大小さまざまな会社の経営者さんとお話する機会がありますが、自分を満たすことや、認められることに幸せや充実感を求めている人は、どこか欠乏感を感じます。それは個人事業主でも、会社員でも、会社の社長でも、医師でも、弁護士でも。

幸せは、いくら稼いでいるかや、会社の規模、役職は関係ありません。意識のレベルが酸欠女子・燃焼女子・淡麗女子のどこにあるかによります。

人生で大切にしていることと、仕事で大切にしていることがつながる。そんな生き方ができる人が増えると、もっともっと世界の幸福度も上がっていくと信じています。

人の喜びが自分の喜びになるような働き方で心豊かな波紋を広げて、よい影響を与える。そんな働き方＝生き方ができるのが淡麗女子です。このSTEP 2では、仕事を通して成長するための心構えをまとめました。

本音の前に本気を出す

わたしは、多分失敗の多い人生だったと思います。気づいていませんでしたが（笑）。子どものころ、「将来の夢」について作文や七夕の短冊に書くことを強要され、親戚の結婚式のインタビューなど、事あるごとに大人たちから「将来の夢は何？」と聞かれる。大人の無責任さを感じて、自分にふさわしい子ども用の答えを用意しているわたしがいました。

「夢を見る」教育が終わると、次は「現実を見る」指導が始まります。

女の子なんだから勉強しなくていい。運転しなくていい。出世しなくていい。いい人と結婚さえすればいい。子どもを育てればいい。そんな世間体に振り回されて、闘って、浪人しても行きたい大学に行けず、5年引きこもってがんばった司法試験にも受からず、就職しても続かず、失敗し続けて今があります。

でも、不思議なことに、わたしには自信があります。「なんとでも生きていける」という根拠のない自信です。それは、本気で生きてきたから。自分の本音なんてわからなかったけど、本気で考えて、本気で勉強して、本気で働いてきました。

わたしが哲学めいたことをいうのも、考えすぎた後遺症だし、勉強した知識はいまもわたしやわたしのまわりの人を助けてくれます。働いて身につけた、物を売る楽しさや影響力、コミュニケーションのコツはどんどんアップデートしています。何より大きな財産は、もがいた分、応援してくれる人が現れたことです。それは、「がんばらなくていい教」の人からすると、無駄な生き方かもしれません。でも、生きることや働くことは、苦行でも修行でもなく、結局仲間探しだと思うのです。

がんばった分、本気になった分、レベルの高い仲間が集まる飽きのこない人生になると確信しています。だから、自信ないなんて言い訳はせず、本気を出してみる。そうすることで、あのとき思い描いた大人になれていないわたしを、あのときのわたしが許してくれます。昔の夢なんて諦めても叶わなくても大丈夫。それを解放したら、本音で生きられる人生が待っています。だから、まずは結果を積み重ねていく。結果は、失敗でも成功でもどっちでもいいのです。

「わたしならなんとかなる」というのが自信。その自信をつけるためには、目の前のことに本気で取り組む姿勢が大切です。次から次へ目先を変えるのではなく、失敗でも成功でも結果を出していく。その積み重ねが自信になります。

置かれた場所で咲かなくていい

住む場所も、働く場所も、職業も、働き方も自由なのがデフォルト。実は憲法第二十二条でも認められている権利です。だから、今いる場所に固執することはありません。

世界には多様な人がいて、多様な働き方があり、多様な生き方があります。だから、今していることが自分にとってベターとは限りません。働く場所を変えて花開く人がいるように、自分がどういう存在でいたいのかという、人生のテーマにそぐわないのなら、置かれた場所にこだわる必要はありません。

わたしは、会社員として働いている時代がありました。お客さんはどうしたら喜んでくれるかな？　会社の数字はどうやったら上がるかな？　もっと働きやすい会社にするにはどうすればいいかな？　なんてずっとずっと考えて、全力で働いていました。組織でしかできない多くの人や大きなお金を動かす体験や出会いはエキサイティングで今でもわたしの財産です。ただ、わたしは、もっと自由に、自分の素直な選択で生きていける自分でありたかった。だから、会社を辞める決断をしました。

今いる場所が合うか合わないかは、本気で生きてみないとわからないもの。やってみて違うなら、変えるのだって自由。自分の居場所は自分で決める。失敗も成功も全部財産にしちゃえばいいのです。わたしたちは本質的に自由なのだから。

すべきことなんてない

わたしは、物をはっきり言うタイプといわれることもあるけど、「○○すべき」とは言いません。それは、そうやって自分を縛るのも嫌だし、人に「○○すべき」って言うのも、なんだか真実味や誠実に欠ける気がするから。

女性起業家や企業の経営者の方々のビジネスの支援をするときも、「そうすべきでしょ」という押しつけではなく、【それぞれの答えを探すお手伝い】をするのがわたしの役目だと思っています。

わたしは、金子みすゞばりに、「みんな違ってみんないい」と思っているので、決めつけて固定化するのがあまり好きじゃないという、わたしの好みの問題もありますが、そもそも、すべきことなんて何もないと思っています。

なぜなら、ビジネスをしなくても、日本で餓死することはほとんど不可能。だから、ビジネスなんてしなくたって生きていける。そう、必ずしなければならないことなんて、高い視座（抽象的な視点）でみると何もないのです。

ただビジネスをすることによって、得たり、広げたりしたい何かがある。だから時間を使ってエネルギーを使ってしている。そういうシンプルな話です。しなければならないことで、頭や心を複雑にせず、自分の基準でシンプルに考えて行動していけばいいだけです。

遊んで暮らすだけでは幸せになれない

「仕事なんてせずに一生遊んで暮らしたい」って思ったことある人、意外と多いと思うのですがいかがでしょうか。わたしもずっとそう思っていた一人。

わたしは会社を辞めてすぐ、パリに行きました。アパートを借りて、今日から働かなくていいし、何時に起きてもいいし、どこに行ってもいいし、めっちゃ自由！　実際に、好きな時間に起きて、マルシェで食材を見て、レストランでフレンチを食べ、美術館を回って暮らす日々。確かに自由。だけど退屈。

結論として、遊び呆けて生きることは、わたしにとっては幸せではなかったのです。

人間には本質的な欲求が二つあります。「もっと自分を磨きたい」という自己成長欲求と、「誰かの役に立つ自分でいたい」という他者貢献の欲求です。

それまでのわたしは自由になれたら幸せだと思っていたのですが、パリでの暮らしを通して、そうではないことに気づきました。

「働きたい」「何かの役に立ちたい」という欲求が出てきたのです。不思議な感覚でした。身体的な自由があっても自分らしさがないと生きづらいです。そして自分らしさは仕事という表現行為を通じて出していくものなのかもしれません。

「遊ぶように仕事をする」ことと、「遊び呆けて生きる」こととは別の概念。一人で世界を完結するより、仕事を通して世界につながって生きる充実感がさらなる幸せへの道です。

好きなことで仕事するという甘い考えは捨てる

自分らしく生きるには、自分らしくない生き方をする必要がある。

そう考えると、自分に起こることは、すべて意味があると思えますよね。

ただ、その自分らしくない生き方の修業のときは、「どうしてこんなことが起こるのだろう?」「はやく逃げ出したい」「こんな目に遭うなんて不幸だ」なんて思います。

わたしの修業は、会社員時代に愛犬を亡くしたときです。ずっと後悔していました。いやいや行った会社のイベントに参加しているときに死んでしまって、死に目に遭えなかったのです。「うちのワンコにもっとしてあげられることがあったんじゃないか」「もっとそばにいてあげればよかった」と、ずっと自分を責めていました。3年くらい。

でも、今思うのは、うちの犬に、「わたしがいてくれて幸せやった」って思ってほしかっただけなのだと思います。超他人軸ですよね。いや、他犬軸(笑)。

本当は、こんな悲しい経験なんてしないほうが幸せかもしれません。でも、わたしは、この経験で、自分の意思で行動しないと後悔することを知りました。

もし、愛犬の死が、いやいや行った会社のイベントではなく、クライアントさんに本気で向き合って仕事をしていたときだったら、ここまで罪悪感を感じて悔いることはなかったと思います。

とても悲しい思いをしましたが、わたしが自立するモチベーションになったことは事実です。

「人の思惑に囚われていたら、人生後悔する。だから、自分の人生の選択は自分の意思でしたい。自分の人生は自分の足で歩いていきたい」そう強く思うようになりました。

自分らしく生きるとは、自分の人生の選択を、他人に任せず、自分の意思で自由に選んでいくことです。人間成長するには、痛みが必要なのかもしれません。自分らしくない生き方をした経験がないと、両極を知れず、成長できません。だから、やりたいことや、好きなことだけしていては、自分の人生は拓けません。なので、今までしたつらい痛い経験は、何を知るために必要だったのか。その痛さが少し和らいだときに考えてみてほしいです。

いままでつらい経験をしてきた方は、自分の痛みを今の教訓に変え、未来へのエネルギーに変える強さを持ってみてください。

そして、いま自分にできることをする。それが自分らしく生きる一歩です。

どうせできる

唐突ですが、D言葉ってご存じですか？　「でも」「だって」「どうせ」のような、Dから始まる言葉（＝D言葉）は、依存的な人が使う不快な言葉になり得るから気をつけましょうということのようです。「どうせ」＋「できないし」みたいにD言葉＋否定語のセットになると、ネガティブを生み出してしまいます。

アドバイスしたときや仕事を頼んだときにこのD言葉を使う人とは一緒に居たくないという気持ちはわかります。「でもほかにもやることあるから」「だってやったことないし」とやる前から言い訳して責任をとらない人と仕事しても面白くないですから。ちなみに会社員時代のわたしは、仕事を頼まれたら、「やってみます」じゃなくて、「やります」「できます」。「えぇ……」じゃなくて、「喜んで！」と言ってやっていたら、半端なく仕事が舞い込んできました。少し負荷のかかる仕事は自分を進化させてくれます。よかったら試してみてください（笑）。

実はD言葉を聞いて思ったのは、わたしの周りは、D言葉＋肯定語を使う人が多いなということ。「どうせできるやろ！」「だって、わたしたちがしてるから大丈夫」「でもさ、明日になったら笑ってるんだろうね」などなど。

ビジネスって、いつも成功するとは限らない。ただ、できる限り手を尽くしてやりまくって、あとは神のみぞ知る……。そんな他力本願な状態が各プロジェクトごとに訪れます。そんなときにみんな使いがちなのがこのD言葉＋肯定語。見えない結果ってやっぱり不安でドキドキしちゃいます。だからみんな、「どうせ大丈夫、いけるでしょ！　ここまでしたんだから」って言えるまで仕事して、心を落ち着かせているのですね。

D言葉＋肯定語を使えるくらい、集中できる仕事があるっていうのは、ありがたいことです。

今の仕事、本気でできているなら、D言葉＋否定語ではなく、D言葉＋肯定語で「どうせできる」と言ってやりましょう。

慣れた環境から抜け出す

「何かを成し遂げたい」「成長したい」「自分を変えたい」と思うなら、慣れた環境を抜け出すことが必要。

例えば、朝起きて、着替えて、いつもと同じ駅から電車に乗って、会社に行って……などのルーティンワークが慣れた環境にあたります。慣れているので、どんどん頭を使わなくなる。だから安心感や快適さを感じて、抜け出せなくなる。

例えば、起業したいけど、家族が反対するから……パソコンが苦手だから……時間がないから……子どもがいるから……なんて言い訳をする人は、今の慣れた環境から出るのが怖いだけ。だから、そこを抜け出ないための言い訳をあとづけで作って正当化します。

人間の脳はそういう仕組みでできています。なぜなら、変わらないほうが安全だから。いつもと違うことをすると、エネルギーが要るし、ストレスが多いからです。

日本って、別に起業しなくても、仕事しなくても、餓死することはほぼありません。だから、今の環境から抜け出してしんどい思いをする人なんて多くはいないのです。

だけど、自分を変えるためには、今の慣れた環境を抜け出し、目指す人の習慣を知る必要があります。

＊ 社長と会社員

＊ 経営者でも、年収３００万円の人と、３億円の人

＊ お金が最優先の人と、愛が最優先の人

＊ 利益最大化を目的とする人と、世の中のためになることを目的とする人

立場やライフスタイルによって意識するものは違うし、見えているものも違います。人は毎秒何百万という情報の中から、必要な情報だけを受け取ります。受け取る情報は人によって違います。同じ業界でなくてもいいけど、考え方が近かったり、ライフスタイルがいいなって思える人がいい見本になってくれます。

わたしも、起業をしたときは、すでに結果を出している人に会うことを最優先しました。講座を受けたり、ブログやサイトを見て気になる人にメールでアポをとって押しかけたりなどなど。

わたしが未来に得たいと思っているスタイルを築いている人が、何を見て、何を感じて、何を考えて、どう行動しているのか。会うことで、わたしはそれを明確にイメ

ージできたし、わたしにもできると思えました。

コツは、素直に聞いて素直に実践すること。単純だけど、自分の目指す未来が明確にイメージできて、その未来の自分が見ている世界を感じることができたら、それは現実になる。これは、やっぱり真理。リアルに感じることで、意識が変わり、行動が変わり、習慣が変わって、当たり前のように自分を変えることができます。

一歩突き抜ける

『自分も成長していけて、人に貢献していける生き方』。

言葉にするとありきたりで安っぽいですが、そういう生き方を、誰もが心の真ん中で求めているのではないでしょうか。

だから、そのために自分の強みやスキルをどう使っていくのか。それを知るためには、自分の好きなことに執着せずに、今あるもので、目の前のことを必死にやり続けていくことが必要です。

何かをやりたい人のなかで、実際に行動する人は二割。そのなかで続けるのは二割といわれます。継続的に続けていくことが、周りから一歩突き抜けるために大切なこと。自分らしく生きていくなら、キラキラに憧れるよりも、本気で自分と、仕事と、向き合って行動し続けていきましょう。いろんな働き方や生き方の選択肢があっていいし、それにチャレンジするもしないも自分次第。わたしたちは、あと何百年、何十年と生きられるわけではありません。宇宙の歴史からみると、まばたきほどの瞬間も生きられないわたしたち。だから、他人の目を気にしている暇もないし、どうせなら、地に足つけて、気高く、チャレンジングに生きていきたいですね。

キラキラや好きは、あとからついてきたらラッキーくらいでちょうどいいです。どんなキラキラかはともかく、きっとついてきますから。

起業という選択肢

インターネットが誰でも容易に利用できるようになり、起業の壁はかなり下がりました。

それは、SNSもブログも無料で利用できるから。リスクを抑えて、リターンを得ることができます。インターネットがない時代、ビジネスで集客するには、対面営業、電話営業、ポスティング、ビラ配り、少しお金があれば新聞折り込みチラシ、紙媒体やラジオでの広告、さらに資金があるなら、テレビCMなどなど。CMも大手でないとなかなかいい枠をもらえません。そんな時代でした。

しかし、インターネットが容易に使えるようになって、広告やCMのように、一つの情報を、不特定多数に対して発信できるようになり、さらに、個人が無料でメディアを持てるようになりました。一人一放送局時代です。

そんなこと考えずに、Facebookなどの個人発信で営業活動されている人もいますよね。そのくらい簡単に誰でもビジネスができる時代。わたしも起業当初はSNSで集客していましたが、月の固定費は1万円もかかりませんでした。そのくらいリスクなく起業できます。

行動できないのは怠け者だからではない

ビジネススクールや、起業塾、セミナーなどで言われるのは、「行動しないと変われない」「行動するのみ！」ということ。

まさに、そのとおりなんです。行動しないと、何も変わりません。一方で、行動していない人は、怠け者で、忍耐力がない。そんなレッテルを貼られがちです。

ただ、行動できない人を見ていると、決して怠け者でも、忍耐が足りないわけでもないとわたしは思います。むしろ、やる気もあって、まじめながんばり屋さんが多い。これは、女性に限ったことではなく、企業の経営者を身近に見ていても同じことを思います。

そしてその行動できない理由がわかりました。それは、エネルギーが不足しているということ。行動するには、エネルギーが必要です。でも、そのエネルギーを誰かに奪われていたり、漏れていたりすると、行動にエネルギーを使えない。だから、動けなくなってしまうのです。

行動できていないと自覚している人ほど、むしろやる気があるから苦しい。行動できないことで、自分は怠け者だとか、教えてくれる先生に申し訳ないとか、そういうふうに、自分を責める人もいますが、そんなことないし、そう思うことでもエネルギーを消費してしまうので、悪循環。

解決策は、①無駄なエネルギーの消耗を抑え、②良いエネルギーを充填すること。

行動にエネルギーを使うため、まずは①エネルギーを浪費する原因を探っていきましょう。エネルギーを浪費する原因をこれから6つあげるので、ご自身の漏れている原因を見つけるヒントにしてみてください。

1　多すぎる人間関係

エネルギーが足りていない人は、人とのつき合いで消耗していませんか？　いま、行動するときならば、人間関係の見直しも必要です。わたしも、起業初期は、ビジネスに関係する人以外は誰とも連絡を取りませんでした。本当の友だちなら、そんなことで縁は切れません。それで関係が終わるようならそれまでということです。

2　エネルギーを奪ってくる人が周りにいる

これも、1と似ていますが、会うだけで、どっと疲れる人っていませんか？　電話がかかってくるだけで、メールをもらうだけで、どっと疲れる。そういう人とは、距離をとったほうがいいです。例えば、両親や依存的な友人、なぜか連絡をくれる知人、会社の人など。

エネルギーがとられるのと、関係が良いか悪いかとは、また別問題です。たまたま相手のコンディションが悪くて、こちらに自分のことを話しまくってエネルギーを吸い取って元気になっていく。そういうときもあります。大切な友だちで、自分に余裕があるときなら聞いてあげてもいいと思います。

ただ、どっと疲れる人が一緒に住んでいるパートナーだと、どうしましょうね。カウンセリングに伺いましょうか。なんて。

実際、そこそこの会社の経営者でも、パートナーにエネルギーを奪われていて、仕事に影響が出ている方もいらっしゃいます。長期的には関係の改善が必要ですが、短期的には話し合って、一人の時間を確保することも必要かもしれません。

3　無駄話や無駄な妄想

愚痴や悪口を言ったり、無駄に妄想して不安になるプレイはわざわざしなくて大丈夫です。エネルギーを消耗して疲れるだけなので。そんなときは、一人でお風呂に入ってリラックスしましょう。お風呂って気分をすっきりさせてくれるのでオススメです。

4　受け身な情報

テレビを意味なくつけている人は、消しましょう。目的をもって見るのはいいですが、ダラダラと見ていると、エネルギーもダラダラと漏れています。朝起きて、とりあえずSNSという人はやめましょう。なんとなくネットサーフィンして、疲れて、気づいたらもうこんな時間。みたいなことないですか？

情報は取りにいくものです。勉強することは、エネルギーが上がりますが、無目的に見るのは疲れちゃいます。

5　やらされ仕事

仕事でも、やらされていると感じているとエネルギーの消耗が激しいです。「なんでわたしが……」と思うとどっと疲れませんか？　なので会社勤めをしている人は仕事に目的（何のためにしているか）を明確に持つことで、無駄なエネルギー漏れを止めることができます。もちろん起業されている方でも、家事が仕事の方も同じです。

6　考えて行動しない

考えすぎる人もエネルギーを消耗します。だから、考えるのをほどほどにして、行動することにエネルギーを使えるようにすることも必要ですね。

わたしの経験上言えるのは、考えるよりも、行動したほうが得られることが多いということ。走りながら考えるくらいでちょうどいいです。それで失敗したら儲けもの。そのやり方では、できないというデータを得たということは大きな財産です。

と、こんな感じで、参考になりましたでしょうか。思い当たる人は、エネルギーを消耗している原因を取り除いて、行動できる環境を作ってみてください。

パフォーマンスを高めるエネルギーアップ法

ビジネスだから、常に大成功ばかりではありません。どんな事業でも、最小限決めたら走り出す感じでやっています。あとは、ぶつかったらぶつかったとき、こけたらこけたとき考えていく。そんな感じです。事業の方向性さえ決めていれば、あとはなんとでもなるものです。

そのくらい行動は大切です。

なので、前節でエネルギー漏れに気づいた方は、すぐに食い止めてみてください。元気になって、行動する英気が湧いてきます。

次に②エネルギーが増える方法をお伝えします。がんばり屋さんは、エネルギー漏れを食い止めても、エネルギーを摂り入れないと、行動できないですよね。

ということで、エネルギーを満たせるのはどんなときか。エネルギーが高まる6つの方法について書いてみたいと思います。

1　よい睡眠をとる

寝ている間は成長ホルモンが分泌します。しっかり成長できるように、寝心地の良い環境で寝るようにしましょう。暑い日は冷房は消さなくて大丈夫です。汗をかいて寝てしまうと体力消耗してしまうので、冷房つけて、お布団かぶって、足元は温かく、頭は涼しくがベスト。

寝る直前の食事（糖質の摂取）も成長ホルモンの分泌が悪くなるので、避けたほうがベターです。美意識の高い女性には言うまでもないですね。

2　よい食事をとる

化学調味料や保存料、着色料など、添加物の多い食事は、消化酵素を大量に消費してしまうので、代謝がとても悪くなります。消化するのにエネルギーを使い過ぎて栄養を吸収する「代謝」に力がまわらないのです。健康体であれば多少の添加物は排出する力をわたしたちは持っています。なので気にしすぎることは不要ですが、できるだけ良い食材や調味料で体に優しい食事を心がけたいですね。同じ理由で、食べすぎも、体が疲れる原因です。心地よい食材と適量の食事でエネルギーをいただきましょう。

3　シンプルな空間で仕事をする

物が多いと、エネルギーをとられます。逆にキレイで清潔な空間は、エネルギーを高めるのにいいですね。ごちゃごちゃしたかわいいカフェに行くより、シンプルで整頓されたスタイリッシュなカフェに行ったほうが仕事がはかどるので、意識しています。

また、部屋がゴチャゴチャしているときは、頭の中も散らかっているときかもしれません。先に部屋を片づけると頭も整理されますよ。

4　継続的な勉強をする

勉強しているときって、エネルギーが上がります。勉強好き、セミナー好きな方は、自分のエネルギー不足を埋めるために行っているのかもしれません。

ただ、人の多い学びの場に行くときは、セミナー講師や、来ているほかの人がエネルギーを奪う人でないか気をつけたいですね。なので、エネルギー不足を埋めるために来ている人が多いセミナーや、講師が、承認欲求を満たすためにしているセミナーは行くとどっと疲れるはずです。承認欲求は誰しもあるものですが、それ以上に、誰かのために……って行動できる人が多い場所は、疲れたとしても、心地よい余韻があるはずです。

そういう学びの場はいいですね。

5　意識の高い仲間

意識の高い仲間が集まると、いいエネルギーの循環が起こります。なので、いいアイデアが生まれたり、その場にいるだけで元気になれたりします。

6　ポジティブな脳内対話

一人のときに、自分に前向きな言葉を投げられる人はエネルギーが高いです。逆に、不安になる人は、考えるほどエネルギーが消耗します。良い言葉で自分に語りかけたいですね。

このようなことを意識して、エネルギーアップを心がけてみてください。

成功の鍵は波に乗る勇気

日本も高度経済成長期やバブルの時代は、行動したもの勝ちで、こうすれば儲かるというステップを踏んだ人から結果を出していきました。その山登りを早くするために、人をたくさん雇ったり、指示や意思決定をスピーディーに行うために、ピラミッド形式の組織が作られ、ミッションどおりに素早く行動する企業戦士が生まれました。

しかし、今は違います。山を登っていても、その山が瞬時に消える時代。経済が不安定な時代ってそうなんです。だから、波が来たのを見てそれに乗るかどうかの反射神経で成功できる時代です。だから、多くの人はコンディションを言い訳に行動しませんが、コンディションを整えるのも仕事のうちです。いつでも臨機応変に対応できるように。

ＳＮＳなどの新しいツール、プロジェクト、オファーなど、来た波に飛び込むつもりで挑戦する。そうすればだれにでも道がひらけるチャンスがあります。

例えば、インスタグラムも初期に始めていた人と最近始めた人では、フォロワー数がまるで違います。インスタグラムでの広告収入が会社員のお給料を超えている人もよくみます。そういう人は、波に乗る勇気があったからタイミングをつかんだのです。

完璧よりも完了すること

完璧を求めてなかなか前に進めない人がいます。それでは経験値が上がらない。折れない心は小さな成功体験を積み重ねることによってできるものです。小さな成功体験を積むには、たくさんの失敗をすること。たくさん行動できる人ほど、自分への信頼（自信）があります。

わたしが勧めたいのは、完璧でなくていいから、完了させて結果を出すこと。失敗も成功も結果です。どちらでもいいのです。その結果の分、経験という財産になります。だから、完璧にする価値ってあまりなくて、それより、失敗でもいいから、完了させるほうが大事。失敗は、その方法が違ったという答えをくれるので、次の行動につながります。だから、「わたしなんてまだまだ」、などと思わずになんでも結果が出るまでやってみましょう。その積み重ねが自信になっていきます。

仕事をする上で大切なこと

わたしは新しいチャレンジが好きで、ありがたいことにチャレンジの機会を多くいただいてきました。

新しいことが好きですが、古くてよいものをとり入れるのも好きです。老舗企業さんとお仕事するときは、特に意識することでもあります。つくづくこうやっていろいろな方から信頼して仕事を任せていただけるのはありがたいことだなって思います。

いろいろな業種の方のビジネスに関わって思うのは、ブランディングとか、コピーライティングとか、マーケティング戦略も大切だけれど、最終的には人間力がモノを言うというか、目の前のお客さんにどれだけ向き合えるのかというのが結局大事なのだということです。それは販売でも、教育でも同じ。小賢しく稼ぐよりも、正々堂々と仕事したほうが気持ちいいです。

それが通用しにくい世界もあるけれど、自分の責任でするなら、どのような働き方も自由に選べます。そして、正々堂々とビジネスするなら、起業初期に大切なことは、二つ。

1．たった一人のお客さんのために情報発信すること

2．目の前のお客さんを誠心誠意理解しようとすること

それを続けていたら、必要としてくれる人がまた現れたり、一緒に仕事したいなと思ってくれる人が出てくる。そして、実は起業に関わらず、どんな働き方をしていても、どんな生き方をしていても、自分の想いを発信することで応援者は出てきます。

わたしはたまたま「起業」という道を選んだだけで、会社員としてのオフィスワークも、家事も、育児も、専門職も、営業も、販売もすべてお仕事。それに、どれだけ想いを持てるか。それも一方通行の押しつけがましいものではなくて、ホントの意味での誰かのために。

第２章

淡麗女子への５STEP

STEP3　STANDARD
自分のあり方を見つける

自分の中の当たり前、心地いいもの、好きなもの、普通の感覚は、
世間の常識や、周りの友だちや家族と違って当たり前。
「みんな違ってみんないい」のです。
自分基準が分かれば、その基準に従って物事を判断していけます。
それが自分の意思で自分の人生を選択するということ。
自分らしく生きていくのに欠かせません。
しかし、今まで家族や学校、職場など集団の中で
周りに合わせて他人基準で生きてきたわたしたちにとって、
自分の奥に隠れている自分基準はなかなか探れないもの。
淡麗女子流の自分基準の見つけ方は、人生のテーマから導き出すことです。

人生のテーマの見つけ方

人生のテーマとは、どんな生き方がしたいかということ。自分がどんな存在でありたいか、という抽象度の高いものです。○○な生き方と言われてもピンと来ない方は、まず、なりたいものから考えるといいです。そのなりたいものはどんな生き方をしたいから選んだのか？　と、なぜを繰り返すと、人生のテーマが浮かびやすいです。

【例】

なりたいこと…カウンセラーになりたい

←なぜ？

人生のテーマ…たくさんの人に勇気を与えられる生き方がしたいから

のような感じです。

そのような生き方をしている自分なら、どのような選択や判断をするのか。それが自分基準になります。

だから、【人生のテーマ＝自分のあり方】がわかったら、そういう生き方をしているつもりで過ごしてみましょう。

人生のテーマをみつける

ワーク

◇あなたがなりたいものはなんですか？

◇それを選んだのはどのような生き方が
したいからですか？

なりたいわたしは、わたしの中にある

人生って、自分の思う方向にいくようになっているのは確かなのですが、その方向を決めるのに、なりたいものをイメージするのが有効というのは、前節のとおりです。そして、方向を決めるということは、理想の自分をイメージすることです。

ただ、モデリングをしたり、「○○さんになりたい」と目指す誰かを決めたりする人をよく見かけるのですが、それはなれないことに気づいて落ち込むだけなので、やめたほうがいいです。

なぜなら、他人にはなれないから。当たり前ですよね。ノートに欲望や願望を書いてなりたいと願っても、脳が嘘を見破ってしまうのです。「それ別人だし無理ですよ」って。

ではどうすればいいのかというと、「誰か」ではなく、自分で自分の理想のあり方をイメージすることです。理想のあなたは、どんな働き方で、どんな人がそばにいて、どんな暮らしをしているのか。全部自分の中にあります。

学生のころに、幸せって何かを考えたときに、「ふと人生を振り返ったときに、お気に入りのひと・もの・ことに囲まれていたら幸せだな」と思いました。

だから、お気に入り探しの旅をずっとしているのだと思います。

それをやり始めて困ったのは、お気に入りがどんどん変わっていくってことです。

まぁ、それも人生ですね。その理想に向かっているということは、進化してるということですから。

人生のテーマをみつける

ワーク

◇あなたにとって心地よいひと・もの・ことはなんですか？

◇それはどうしてですか？
どのような生き方がしたいからですか？

ネガティブな感情から テーマを見つける

ネガティブな感情、押し殺していませんか？　「あ〜！　生卵投げつけたい！」みたいな。『インサイド・ヘッド』というディズニー／ピクサー作品をごらんになったことはありますか？　少女の頭の中の感情が擬人化されて、少女を動かしているお話です。感情たちの名前は、ヨロコビさん、カナシミさん、ビビリさん、イカリさん、ムカムカさん。幼少期から思春期にかけて、これらの感情が統合されていくというのがあらすじ。名前だけ見ると、ヨロコビ以外は、ネガティブな感情。特にカナシミなんてそうですよね。だけど、どの感情にも意味があって、幸せになるには必要。ということを伝えてくれる作品です。

どうしてこの話をしたのかというと、起業コンサルしていたときに、クライアントさんが「いろいろあって、ネガティブな自分に嫌になった」ということを言っていたからです。

そのとき、わたしが話したのは、「ネガティブな感情は、自分の築きたい未来の素になる」ということ。ネガティブな感情が、自分のやりたいことの原点だったり、ビジネスの大義になったりします。例えば、肌が荒れているのがとても悲しくて、そんな人を助けるためのお薬を開発したり、恋愛でとてもつらい経験をしたのが悲しくて、幸せな恋愛ができる人を増やしたいとブログを書いてみたり、人種差別されるのに憤りを感じて、人種差別撤廃に命をかけて闘ったり……。なので、悲しみ、嘆き、憤り、不満……などというネガティブな感情は、自分の実現したい未来のタネになります。

さらに言うと、個人的な憤りではなく、社会に対して自分ができることに昇華されると、使命なんてものにつながりやすくなります。「わたしが変人だからって何が悪いんだ！」（個人的な憤り）ではなく、「変人も生きやすい社会をつくりたい！」になると、共感してくれる人や、応援者が増えてくるので。ちなみに、変人と自覚しているわたしの憤りを変換してみました（笑）。

どちらにしても、ネガティブな感情を押さえつけると、腹の中に溜まってドロっとしてくるので、まずは、「あぁ、そう感じてるんだな」と思って受け止めてみてください。腹の立つポイントって、人によって違うので、興味深いです。

あなたが、人生で最も憤りや怒り、悲しみを感じたことはなんですか？

そこから人生のテーマが見えてくるかもしれません。

人生のテーマをみつける

ワーク

◇あなたが人生で最も憤りや怒り、悲しみを感じたことはなんですか？

◇その体験からどのような生き方をしたいと思いますか？

人生のつらい経験からテーマを見つける

人生でいちばんつらかった時期はいつですか?

思い出して具合悪くなる人は、二番目につらかったことで大丈夫です。実はそういう過去が、人生の生きるテーマの素だったりもするのです。

例えば、

（過去）自分だけがんばってつらかった
↓
（テーマ）仲間とつながる生き方

（過去）学歴のために勉強がんばったけど受験に失敗した
↓
（テーマ）地位や名誉ではなく、一個人として認められる世界を創る生き方

（過去）お金に苦労した
↓
（テーマ）お金に囚われない生き方

わかりやすくしすぎたかもしれませんが、こういう人生のテーマにつながる過去って、わたしたちには何がしかあるものです。

わたしの例で言うと、

（過去）暴力に支配されたバスケ部時代、精神的に支配された会社員時代
↓
（テーマ）何ものにも支配されず自由に自分らしく生きる豊かさを伝える生き方

のような感じです。

「自分らしさ」って、「自分らしくない」つらい経験があるからこそ気づけるもの。逆ブレすることで、本当に大切にしたいことがわかるからです。そう考えると、人生の谷の時代も必要だったのだなってしみじみ思います。

人生のテーマをみつける

ワーク

◇あなたの人生で最もつらかったことは
なんですか？

◇その経験からどんな生き方をしたいと
思いますか？

ライフワークの見つけ方

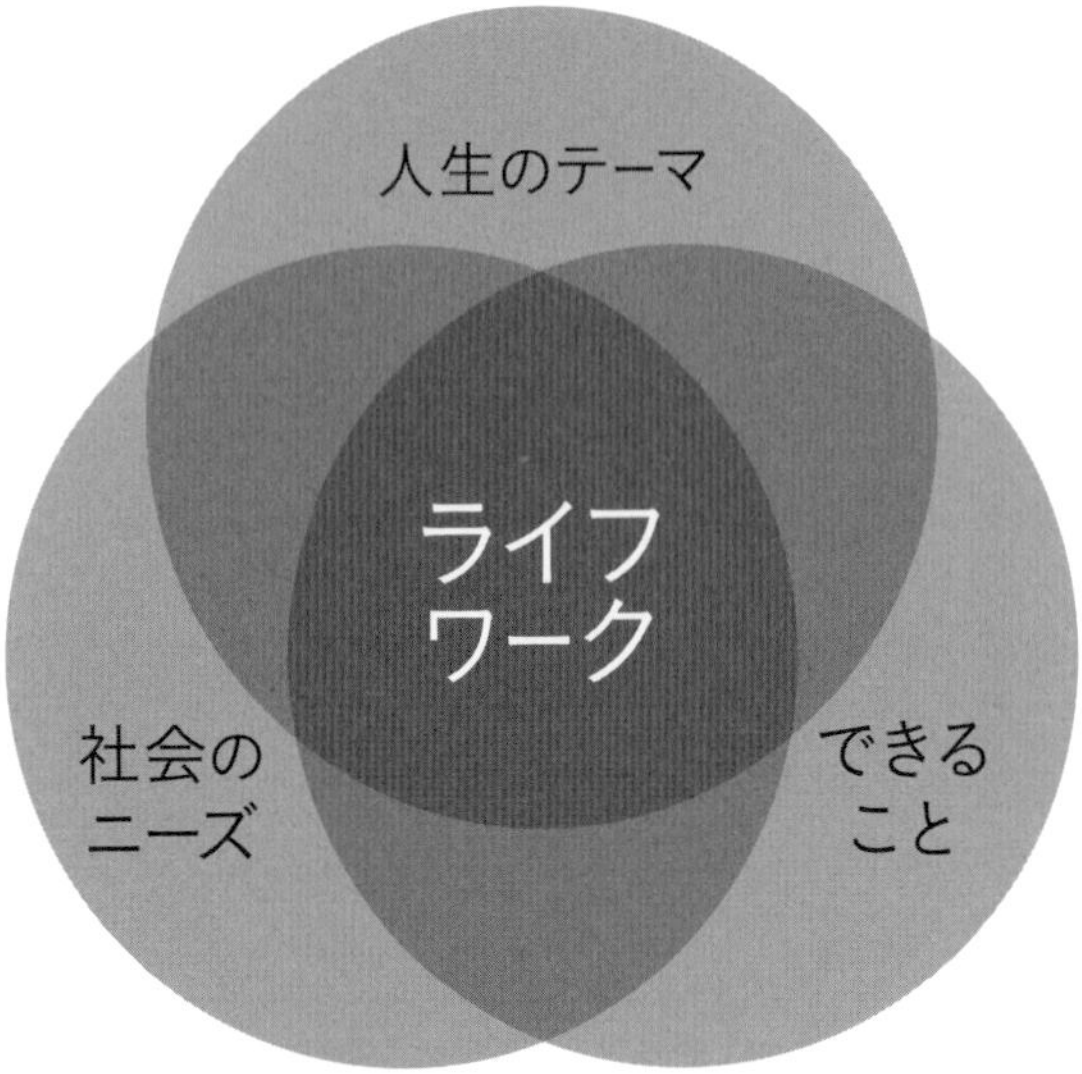

ライフワークは、人生のテーマに合うこと、自分ができること、社会にニーズがあることを充たす仕事です。ライフワークの最も大事なポイントは、自分の人生のテーマと仕事が合っていることです。そして、ニーズがあるというのは、その商品やサービスを求めてくれる人がいるということ。ビジネスにするからには、外せないですね。

ただ、そもそも自分にできることが何なのかが、わからないことも。転職したいけど何が向いているかわからない、起業したいけど何の仕事が合っているかわからない、という人は、やりたくないことでなければ、やってみるとよいです、仕事じゃなくても。できることを増やせば選択肢も増えるからです。

さて、わたしは、カウンセラーとして起業しました。今は企業のコンサルティングなどもしています。

どうやって仕事を選んだのかというと、自分のできることをとにかく棚卸ししました。わたしは、資本もなかったので、在庫を抱えるような物販や、賃料が必要な店舗形態は選択肢から無くして考えました。相談やアドバイスできることはいくつか思いついたので、全部しました。4つほど、フリーライター業などと同時並行でしていました。

マーケティングの知識はありましたが、ビジネスって何が当たるかわかりません。特にゼロからの起業は。ただ、その仕事のタネは、今までの経験が詰まっているものなのです。だから、今していることをどのくらいの財産にするかも自分次第。真剣にすればするほど、自分の財産になり、仕事のタネになります。

例えばわたしは仕事で離婚相談も受けることがあります。離婚で悩んでいる人に、離婚はネガティブという常識を捨てて、自分らしい人生を歩むためのステップにしてほしいという思いからです。

わたしの人生のテーマ、自由に自分らしく生きる豊かさを広める生き方にもぴったりです。人生のテーマに合っていると、仕事と人生が分離しないので、働きやすくなるし、生きやすくなります。

自分にできることが何かわからない、という人は次のワークがお役に立てると思うので、やってみてください。起業アカデミーでも初めの段階でするワークです。仕事のタネがみつかります。

仕事のタネをみつける

ワーク

◇あなたが物心ついたころから最も時間を費やしてきたことはなんですか？

◇あなたが物心ついたころから最もお金をかけてきたことはなんですか？

◇あなたが持っている人の役に立てる知識・スキル・経験はなんですか？

得意なことの見つけ方

自分ができることの中には、得意なことも含まれます。ただ、自分の得意なことって、自分でわかっていないことが多いのです。

ある日40度近く熱が出て病院に行きました。その病院の院長が50歳くらいの女性で、わたしは点滴を打たれながら、

「先生はなんで医者になろうと思ったの？」「なんで開業したの？」「なんで臨床がいいの？」

とか、意識せずに聞いていたようで、彼女は、家族構成から、お母様のお話、研究の話、働き方の話、経営の話などなどたくさん話してくれました。

この人どうしてこの仕事しているんだろう？　って純粋に知りたかったのです。家族にお医者さんがいないのに開業しているところにも興味があって……。彼女が淡麗女子だったからかな（笑）？　それで、「わたし、人のストーリーや転機の話を聞くのが得意なんだな」と気づきました。

得意なことって、自分では当たり前で気づかないことが多いです。なぜかわからないけど、できちゃうことなので。

だから、知り合いに、「わたしの得意なことはなんだと思いますか？」とインタビューするのもいいですよ。今まで気づかなかった自分を知れるかも。

仕事のタネをみつける

ワーク

◇あなたがさほど努力しなくても周りよりもできてしまうことってなんですか？

◇知り合いに「わたしの得意なことってなんだと思う？」と聞いてみましょう。

第2章

淡麗女子への5STEP

STEP4　LIFESTYLE

基盤を整える

時間／Time management
孤独を楽しむ

かつて女性起業家対象のグループコンサルをしたときに、「どうすれば孤独を感じませんか？」

という質問を受けたことがあります。

二つの意味で違和感を感じました。一つは、孤独を感じたくなければ、ＳＮＳやスマホですぐにつながれる世の中であるから。もう一つは、孤独な時間こそ大切だと思っているからです。

一人の時間こそ、もっともナチュラルに自分と向き合える時間。誰かと一緒に居ると、どうしても純粋な自分ではいられないからです。発信者としてもそうだけど、孤高でなければ、良い文章も本音も書けません。なれ合いや、世間、知り合い、友だち、親戚からどう思われるかに時間を取られるのはもったいないです。

孤独が怖いのは、自信がない現れ。自分を認めてあげられていない証拠。そんな人こそ、孤独な時間に自分と向き合ってほしいです。孤独を恐れて、群れていると、どんどん自分が弱くなっちゃうから。薄まって苦しくなって自分を見失う。あげくの果てには、周りの人より幸せなふうに見せてはいけないなんてひねくれた思想になってしまう人もいます。

だから、孤独は楽しむくらいでちょうどいい。だって、一人だと人の目を気にせず、人に時間を取られずに、あんなことやこんなこともできちゃいますよ。

孤独を楽しめるようになれば、それだけ人とのつながりに感謝できるようになります。一人の時間の良さも悪さも、誰かといる時間の良さも悪さも知ることは、両極を知るということですから。両極を知ることは、人間力を高めるチャンスです。一人がイヤという人も、孤独を楽しむチャレンジ、オススメです。

さぁ、今宵の孤独は、何しましょう?

時間／Time management
時間をコントロールする

時間に追われてしまって、いい仕事もできないし、周りの人にも冷たく当たってしまう。心に余裕がなくて、イライラ。「毎日忙しい……」そう思い込んでいることありませんか？

そういうときは、やらなければいけないこと、やりたいこと、やってもやらなくてもいいことが、ごちゃごちゃになっているかもしれません。

そんな人は、時間の奴隷にならずに、時間をコントロールするために、やることをリストにしてみましょう。そしてそれを、【重要】か【重要でない】か、【緊急】か【緊急でない】か、に分けて考えてみる。そうすると、意外と、重要でない緊急なことに時間を取られていることに気づきます。【重要でない】ことは、カット。そして、その空いた部分に、【重要】だけど【緊急でない】ことに時間を使いましょう。

＊美容院に行くこと
＊ジムに行くこと
＊習い事をすること
＊美術館に行くこと

＊おいしい紅茶を飲むこと
＊読書に没頭すること
＊ゆったりと音楽を聴くこと
＊温泉に浸かること

時間に追われていると、自分が重要だと思っていても、後回しになってなかなかできていないことがあります。そんなときは、自分にアポを入れるのがオススメ。「何時から何時までヨガをする」「何時から何時までは勉強をする」なんて予定を入れて、そこにほかのアポを入れないようにする。自分にとって重要なことをすることは、気分も上がるし、自分の価値も上がり、心も落ち着きます。そうすると、仕事のアイデアが浮かんだり、欲するものが舞い降りてきたり、求めていたものに出会えたりします。

会社員時代は、オンとオフを分けて考えていたけれど、今は、仕事もプライベートもあまり区別なく、自分がやりたいことや楽しめることを基準に選んでいます。仕事と関係なく会った人が、仕事を連れてきたり、その場で盛り上がって企画したりすることもあるから、仕事とプライベートを分ける意味も、あまり感じていません。

それが今のわたしのライフスタイル。自分にとって重要なことを考えることは、自分が人生で大切にしていることにもつながります。だから、時間をコントロールすることは、自分の人生を大事にすることなのです。

自分の人生を大切にできてこそ、淡麗女子。

Time is money ではなく Time is life でいきましょう。

時間／Time management
休息日の作り方

仕事とプライベートのバランスって、ストレスとはあまり関係ないもの。ワークライフバランスは、「仕事が苦しい」と思っている人のための概念です。仕事は忍耐ではなくて、お給料は我慢料でもない。そして、仕事はお金のためだけにするものでもないからです。

独立してから、仕事もプライベートも境なく生きてきたけれど、過剰なストレスはなくなったし、生きやすくなりました。だから、ワークとライフを分けることに解決策はありません。仕事して、プライベートで家事して、休みなしでは大変ですから。必要なのは【ワーク】と【ライフ】のバランスではなくて、【活動】と【休息】のバランスです。

わたしは、休むのが下手で、時間があればずっと仕事のことを考えてしまうタイプでした。でも最近思うのは、活動から離れる時間ってとっても大切。ついついがんばり過ぎる人は、家を離れて何もしない日をぽっかり作るのがオススメ。コツは、日常から離れることと、休んだ〜！　と思えるくらい何も考えずに休み切ること。日常にいると、ついつい仕事してしまいますから。

時間／Time management

力を発揮するには脱力が必要

何かをつかむとき、瞬発力が必要なタイミングがあります。でも、ずっと力が入っていると、瞬発力は出ません。

力の入りすぎている人は、体の循環が悪いです。だから、直感などの感覚が鈍って、必要のないものを買ってしまったり、逆に、合わないお客さんに自分の商品を売ってしまったりしてしまいがち。

・ひらめかない

・アイデアが浮かばない

なんていうのも、力が入りすぎているから。そして、脱力できないと、思考だけで物事を判断しがちなので、自分にとっての損得で選んで、さらに状況を苦しくすることも。

例えば、あの人はつき合っているほうが得だからつき合うとか、とりあえず参加しとけば嫌われないから参加するとか。そういう自分の損得で動くのは、思考しか働いていないとき。そういうときって、人生うまく回らない。自分の体験としても、周りを見ていてもそう思います。

「考えるな、感じろ」なんていう言葉もありますが、毎日充分に考えている人は、脱力して感じることが大切（感じてばかりの人は、考えることも必要だけど）。

ゴルフでも、テニスでもそうだけど、球を打つ前に脱力できているから、いいインパクトで球を打てます（わかっていてもなかなか難しいのだけど）。そして、それは、ビジネスでも人生でも同じで、脱力できるから、いい球が来たときに、いい感じに返せる。緩和があるから、いい緊張感で力を発揮できる。脱力というのは、温泉に入るときの「はぁ〜〜〜〜」というあれです。気持ちよくお布団に入ったときの「ほっ」ってそれです。深呼吸のときの「ふぅぅぅ」ってやつです。イメージできましたか？　喉が渇いて、ビール飲んだときの「くぅぅぅぅ」、これはちょっと力入ってるかもしれません（笑）。

仕事に集中していると、息が浅くなって酸欠になることがあるから、ここぞというときのために余白を作っておきたいですね。普段、力入ってるな、という人は、意識して、脱力トレーニングをして、波に乗る準備を。

時間／Time management

両極を知って中道をいく

両極を知る、というのが、自分をレベルアップする上で大切です。

例えば、精神論だけ語っていても、行動が伴わなければ何もなし得ないし、直感だけを頼りに、知識を入れずに生きていくのも危なっかしいです。

ガチガチの論理にどっぷり浸かっている人だったら、感情渦巻く世界に放り込まれると、自分の軸をグキッと調整することができます。毎日決められたルーティンワークばかり繰り返している人だったら、誰も何をしたらいいのか指示してくれない世界に飛び込んでみる。忙しすぎる毎日を過ごしている人だったら、何もしない日を過ごしてみる。倹約・節約ばかりしている人なら、無駄遣いしてみる。肉食だったら、菜食にしてみる。などなど。

そういうふうにして両極を知ることによって、螺旋階段を上るように人って成長していくのだと思います。なぜなら、両極を体験することによって、両方の良いところと悪いところ、心地良いところと、不快なところを知ることができ、ちょうどいいところを取ることができるから。両端にはきっと答えはありません。

【調和力】とか【バランス力】のある人はやっぱり魅力的。お釈迦さまの言う、「両極を知って中道を行く」というのはそういうことなのだと思います。

だから、淡麗女子もバランス力が大事。クールでかっこいい大人でありながら、キュートで無邪気なガールでもある。論理的に物事を考える知性を持ちながら、豊かな感性で包み込める。両極を知ることで、人にも優しくなれます。ダメな自分も知っているから、ダメな他人も許容できる。白でも黒でもなく、気の遠くなる広さのグレーの中に答えはあるはず。

淡麗女子たるもの、その中道で、自分の足で立っていきましょう。

美と食／Beauty management

美しさを意識する

「美しい人になりなさい」

中学校の卒業式のときに言われた言葉です。「キレイ」ではなく、「美しい」という言葉を、「女性」や「人間」ではなく、「人」という言葉を選んだ発信者のセンスに感動したことを覚えています。

キレイという外面的なものではなく、内面からあふれ出る「美しさ」。周りをパッと明るくするような、「美しさ」をまとい、自立した存在である「人」になりなさいというメッセージでした。

余談ですが、「人」という文字は、人間と人間が支えあってるカタチ……なんていう人もいますが、二本の足で自立している一人の人間を象った象形文字です。二人の人間だとしたら、寄りかかりすぎですよね。支え合うのはいいけれど、お互い自立していなければ、ただの依存になってしまいますから。

話は飛びましたが、冒頭のメッセージは、そのような美しい人になるために、笑顔でいなさい、快い言葉を語りなさい、環境破壊しないでね、というお説教でした。

「環境破壊」というのは、森林伐採の類のことではなく、明るい場の雰囲気を壊して、人を不快にさせることです。言葉のセンスって、その人の感性が表れますね。

感性は、今までの自分の生きてきた経験がダイレクトに影響するもの。出逢った人、見つけた本、接した音楽、体感した経験などなど。受け取った情報を、さまざまな角度から見て感じ、自分の心で深く考えることができる能力です。

感性が豊かでないと、そこにある幸せにも気づけません。だから、日々、上質なものに触れてセンスを高めていきたいですね。

美と食／Beauty management

必要なのは内面美？　外見美？

内外美容とか、健康美容とか、トータルビューティーって何なのでしょう？　仕事で関わる分野で多いのが、実は美容関係のような気がする今日このごろ。

「美」についていろいろ考えます。

【内面からの美】なんてことが言われ出したのは、10年くらい前。内面美容っていうのは、化粧品等の外側からのスキンケアだけではなく、食事の改善や栄養の摂取等によって内側からも美しくなろうというもので、サプリメントが中心でした。

そこから、経口摂取にとどまらず、姿勢をよくすること、呼吸によってメンタルを整えるリラクゼーション法、などなど、より根本的なものへと進化していったのが、5年くらい前。ウォーキングやヨガなども流行りましたね。

美容整形、レーザーなど西洋的な即効性のあるものから、ヨガ、アーユルヴェーダ、漢方、中医学などなど東洋的な全体的に美を考えるという思考が入ってきました。東洋発祥ではありませんが、ホリスティックやロミロミの考え方も東洋的なそれに近いです。

それも、今は昔という感じですが、時代を読むとすれば、東洋的アプローチだけでは流行らない世の中になっています。なぜなら結果が出るのが遅いから。だから、今求められるのは、今ある不調にピンポイントでアプローチしつつ、根本的な体質改善も行うというハイブリッドです。

「美」って女性にとって一大テーマです。

内面ばかりクローズアップされがちですが、メイクにしても、ファッションにしても、外からのアプローチの力を受けやすいのが日本人だとも思っています。髪型が似合っただけで、気持ちが明るくなったり、お気に入りのお洋服や靴が手に入ったら、出かけたくなったりする人もいるのではないでしょうか？　他方、食も睡眠も、ストレスケアも心の持ち方も美につながります。だから、外も内も両方大切。

わたしは、出張が多いときなど荷物をできるだけ減らしたいので、メイク道具も最小限に、ヘアアイロンなども持っていかないことが多いです。撮影があると別ですが。メイクやコテがなくても、肌の調子を整えて、髪もツヤがあれば巻いていなくても清潔感をもって人に会うことができます。肌と髪で日ごろから気をつけているのは、たんぱく質をしっかり摂ることと、水分と油分の保湿を普段からしっかり行うことです。

あとはホテルでは加湿器を必ず入れてもらいます。お肌やのどの潤いとウイルス予防のためです。ファンデーションに頼りすぎなくても外に出られるケアはしておきたいですね。メイクのスキルも大切ですが、内面のいちばん外側が外見なのですから。

美と食／Beauty management

食べることは命の基本

よく、食べ物の趣味が悪い男性は女性の趣味も悪い、なんていいますが、食べることって本当に大事です。

会社員時代、一日三食食べなきゃとなぜか思い込んでいて、仕事が立て込んでいるときでも、無理して食べていました。お昼を抜くと、午後スタミナ切れすると思っていたのです。だから、お昼休みをとれなくても、すきを見て無理やりカップラーメンを食べていました。頭が麻痺して、本当に食べたいものじゃなかったと思うのです。そのせいかわかりませんが、食べ物にこだわれないときは、体調が悪かったです。

会社を辞めてからは、食生活も見直し、一日一食にして消化器官を休ませるときもあるし、血糖値を上げ過ぎないために、一日六食にしてみるなど、体調や状況によって、いろいろな方法でいろいろな食材を食べています。昼から大切な会議があるときは、眠たくなるのを防ぐために直前に糖質を摂らないようにしたり、体をつくりたいときは、たんぱく質を多めに摂ったり、アウトドアで日を浴びそうなときは、ビタミンを多めに摂ったり、という具合です。食材も、価格で選ばずに、食べたいものを買うようにしています。おいしそうに見えたらだいたいおいしいです。

一つ注意したいのは、心身の調子が良いときは、食べたいものを選ぶといいですが、疲れて頭がまわらないときは、食べたいもの＝体が求めているものではないので注意が必要。疲れていると、ついつい揚げ物や味の濃いものを選びがちで、消化に時間がかかって体が余計に疲れます。ドカ食いも胃腸に負担をかけるので気をつけましょう。

食べ物にこだわるというのは、オーガニックがいいとか添加物がダメとか、そういう次元の話ではなく、心地よく食べられることが大切。健康であれば、多少の添加物は排出する力をわたしたちは持っています。あと大切なことは、好きな人と食事をすること。一人もいいですが、おいしくて心地よい時間を共有することで、幸せホルモンが出て、心身ともに満たされます。

食べることは命の基本。

自分が食べたもので、自分の体はできているのですから。

パートナーシップ／Partnership

結婚しなくても一人前

お正月やお盆に実家に帰ると「結婚しないの？」と聞かれるプレイを受けている独身の方、いらっしゃると思います。ある一定の年齢になると結婚するのが当たり前だったのは、結婚しないと生きにくい社会制度だったから。今の時代、籍を入れるか入れないかは制度を活用できるかどうかで決めたらいいと思っています。

間違っても親などという他人の期待に応えるために自分の人生を犠牲にしないように。結婚も、人生のテーマにそぐうか否かで選択したらよいのです。

籍を入れるだけがパートナーシップではありませんし、夫婦で子を持たない選択もあります。

不幸せそうな結婚もあれば、幸せになるための離婚もあります。自分の価値観を人に押しつけることに意味がないように、人の価値観を鵜呑みにする必要もありません。結婚や、子どものあるなしでその人の価値は決まらないですから。

パートナーシップ／Partnership

離婚する人の特徴

わたしに来る相談の二大テーマは、ビジネスとパートナーシップ。夫婦カウンセラーの仕事もしているので、離婚相談や、夫婦のお悩みは毎日受けています。わたしに相談して、離婚を決意する方も、もう一度夫婦としてやり直すという方もいらっしゃいます。

そこで、気づいたのは離婚する人の共通点。

それは、「どうして結婚しようと思ったんですか？」という質問に、「わたしのこと幸せにしてくれると思った」と答える人。こういうモチベーションで結婚した人は、期待を裏切られて離婚します。結婚するときの期待がマックスなので、生活とともに、マイナスが増えていくからです。仕事で帰るのが遅い、ごはんつくってもおいしいと言ってくれない、というだけで期待はゼロまで下がります。一気にマイナスになるのは、熱が出てしんどくて寝てるのに自分の分だけごはん買ってきて、わたしの分はなし、というエピソード。これ、何人もの方から聞きました。

とにかく、「幸せにしてほしい」と思って結婚した人は、上記のようなエピソードを経て、「なんでこの人と結婚したんだろう。わたしこんなにがんばってるのに」と思い「離婚」という二文字で頭がいっぱいになります。そもそも、「幸せにしてくれると思った」こと自体が受け身で、他人依存的だから、なんとなく結論も見えていますよね。仮面夫婦にも多いです。

じゃあ、能動的に「この人のことを幸せにしたいと思った」という人はいいのか？というと、これもＮＯ。相手が幸せかどうかは相手が決めることで、基準が他人。こういう考えの人も精神的に自立できていない人が多いです。

離婚される方の結婚の動機は、この二つのどちらかがほとんど。他人軸で生きていると、コントロールできないことや、思いどおりにいかないことが多くて当たり前なのに、それを受け入れられなくて、苦しんでいる人が多いです。

「じゃあ、どんなモチベーションで結婚すればいいのよ！」って声が聞こえてきそうなので、わたしの見解を述べると、「この人の未来を見てみたい」という動機で結婚するケース。

なぜなら、そう思える人は、器も大きいし、結婚後に二人の関係性に変化があることもわかっているので、結婚後の変化も楽しめるからです。

これって、仕事にもいえることで、「この会社で幸せになれそう」と思って入社すると、だいたい悪いところばかり目に付くという結果になって、ストレス溜めて辞めちゃいます。

ちなみに、わたしは結婚制度自体、どうでもいいと思っています。いろいろなカップルのカタチがあるから。紙切れでつながっているだけの婚姻関係と、ディンクスみたいに制度にこだわらずに二人の意思で一緒にいるパートナー。どっちがいいかなんて、二人にしかわかりません。

パートナーシップって超個人的なことだから、制度で縛ること自体ナンセンス。

パートナーシップ／Partnership

パートナーに何を求めるか

あなたは、「夫婦」「パートナー」という関係性に何を求めますか？　夫婦という親密な関係から得られる安心感でしょうか？　生活をともにする楽しさでしょうか？　もし、「生活の保障」と考えているのであれば、少し見直したほうがいいかもしれません。

テレビのワイドショーなどで、三十代で離婚した有名人に対して「辛抱が足らないんじゃないの？」「最近の若い人は忍耐力が足らないんだ！」なんていう、おばさま・おじさまコメンテーターの勝手な意見が押しつけられることがあります。

これって、世間の意見だと思って落ち込んだりしていませんか？

離婚を考えていたりすると、「やっぱり、わたしのガマンが足りないのかも……」なんて思いがちですが、自分のせいにしすぎる必要はありません。おじさま・おばさまが、どうしてこういう感覚を持つのかについて、考えていきたいと思います。

高度経済成長期以前の「結婚」というのは、「生き延びるために必要な制度」の一つでした。企業は、社員に仕事優先で働くことを求め、世の中の夫を「企業戦士」に作り替えていきました。つまり、夫が仕事に専念できるよう、家庭を守る役割を妻に期待するようになったのです。「性的役割分業」というものです。夫は外で働き、妻は家庭内で夫や家族の世話をする「専業主婦」という役割です。実際に、専業主婦が社会的にも優遇される制度ができていきました。「生き延びるための制度」といったのには、このような理由があります。

男性は、母親に代わって身の回りの世話をしてくれる妻を、女性は父親の代わりに養ってくれる夫を得るのが結婚でした。このころの未婚率は、驚くほど低いです。1970年の男性未婚率は1・7％、女性は2・5％。（総務省統計局調べ）100人いたら98人が既婚者という時代でした。諸外国から見ると、「日本人は結婚するのが好きな民族なのか？」と思われていたくらいです。そのくらい、日本では結婚が当たり前のようにライフスタイルに組み込まれていました。生活の安定のためには、結婚という制度に縛られる必要があったのです。

そのために、「辛抱」が強要される時代を生きてきたコメンテーターは、離婚に対して否定的な発言をすることになるのです。

ここで、パート主婦の「103万円（130万円）の壁」というものがあります。

夫が会社員である場合、妻のパート収入が103万円（130万円）以内であれば、
・妻が所得税を払わなくてもよい。（103万円まで）
・妻が別途、国民年金・国民健康保険に加入しなくてもよい。（130万円まで）
・夫が配偶者控除（38万円）を受けられるため、夫の税金等が少なくなる。（103万円まで）

というありがたいメリットがあるのです。つまり、妻は中途半端に稼ぐと、夫の扶養から外れてしまい、所得税や、毎月の国民健康保険料を払わなければならなくなり、かえって「損」してしまうのです。こういう制度が、専業主婦を助長させることになりました。

しかし、今は違います。配偶者控除と配偶者特別控除の併用が2003年までで廃止されました。さらに安倍政権下では、配偶者控除を廃止しようという動きがあります。「女性の社会進出を後押ししたい」という建前の是非はここでは論じませんが、専業主婦だから得をするような時代ではなくなってきています。

夫が会社員だから安泰という世の中ではありません。女性も外で働くことがノーマ

ルになっています。実際に、共働き夫婦は増えていますし、女性の社会進出が社会的に推奨されている空気も感じます。洗濯洗剤や、掃除用品のコマーシャルに男性が起用されているのも、現在の流れを表しています。結婚という制度を利用してもしなくても、人生のパートナーを得ることはステキなことです。しかし、お互いに過度に依存し合う関係は、リスクが高い上に、「辛抱」を生み出します。女性が父の扶養家族から夫の扶養家族になる必然性はもうありません。

それよりも、生活の保障のための結婚に縛られることなく、お互いが経済的、精神的に自立した関係のほうが、健康的です。親密な関係から得られる安心感や生活をともにする楽しさを得られるのが「夫婦」「パートナー」であるほうが、ステキだとわたしは思います。

パートナーシップ／Partnership

相手を説得しようとしない

働きたい、旅行に行きたい、新しいチャレンジがしたいなど、何かしたいことがあるとき、相手を説得しよう、わからせようとするのは、オススメしません。なぜなら、知らず知らずのうちに、相手を操作しようとしているからです。

まずは、それに気づくこと。説得したり、わからせようと思うのではなく、ただ丁寧に伝えることしかできないのが人間です。反応は相手なりでいいんです。パートナーや家族は、コントロールするものではありません。他人は、自分とは違う人格を持った人間です。

では、どうすればいいのかというと、まずは、相手を受け入れることです。お話を聞いてほしい相手は、今どんな状況にいますか？　何を大事に生きていますか？　相手にとっての幸せってなんですか？　どんな人生観を持っていますか？　自分の信念を伝えるより先に相手を理解する。相手が話を聞いてくれないのであれば、それは自分が相手の話を聞いていないからではないだろうか？　という疑問を持つくらいでちょうどよいのです。

そして、自分の想いは、伝わればラッキー、くらいでちょうどいいです。別に反対されたってやればいいんです、信念があるのですから。相手を理解する気持ちをもって進んでいけば、自然にわかってもらえるかもしれません。だから、自分を理解してほしかったら、まずは相手の理解を。

STEP5　BREAK THROUGH
自分らしさをまとった
淡麗女子へ

ＧＩＶＥ＆ＧＩＶＥ＆ＧＩＶＥの精神で損したほうが強い

わたしが仕事をするときに大切にしていることは、先出しの精神です。知識を提供したり、人を紹介したり、時間を提供したり、先に心を開いて相手を信頼するということ。

もらうことにフォーカスしていたころは、心が不自由でしたが、自分にできることを目の前の人に返していこうと素直に思えてからは、すごく楽になりました。ビジネスも人間関係も、お金より信用や信頼の大きい人が栄えます。だから、先に信じて提供する。聖書にある、「与えよ、さらば与えられん」はおそらく本当で、何かが巡り巡って戻ってきます。

例えば、わたしは、いろは醤油というだし醤油をプロデュースしているのですが、「仕事も家事も忙しい人に提供できることは何か」と考えたときに、10分で作れるレシピサイトをインスタグラムで無料提供することに決めました。それが、【いろはレシピ】です。いろは醤油を購入いただかなくても、お手持ちのだし醤油で作れるレシピで、レシピリクエストもしていただけます。そのように、先にできることをすることで、販売前から応援してくれる人に支えられ、広告費をかけなくても初回生産分はすぐに完売。フォロワーさんも2万人を超えました。

そういうふうに、買ってもらったから何かをあげる。よくしてもらったからお礼をする。というGIVE&TAKEの考えは捨てたほうが強いです。先に自分ができることを考えて行動する。そうすると、信用や信頼という財産が積み上がってきます。

大阪商人の「損して徳とれ」ってやつですね。

空気は読んでも従わない

わたしのこと、「空気読めない人」って評価する人がいるのですが、空気読めなかったら、マーケティングなんてできないです。マクロ的に時代の流れを見て、ミクロ的に顧客行動を読む。って空気読んでるでしょ？

空気というのは、雰囲気や意識の総体みたいなものなのだと思うのですが、空気は読めても従うかどうかは別問題です。会社の会議で、反対意見だけど、社長が賛成だから賛成しとこうとか、そういう空気に従う人って、生きづらいです。自分が薄まって息が浅くなって、そのうち自分が何者なのか、何が好きで、何が心地よいのか。よくわからなくなってきますから。

空気なんてかき回して、均等に酸素が行き渡るようにしてあげましょう。空気に従うことはその場しのぎな行動。空気に従わないというのは、本音で生きるということ。勇気が要るけど、健全だし、長い目で見たときに、自分の価値は上がります。

型押し人間にできる仕事って、そのうちロボットに取られちゃいますから。

もちろん、空気に逆らって本音を出すときは淡麗女子らしく、しなやかにね。

何か一つに特化せず、総合力でスペシャルになる

女性起業家というと、SNSを使ってお茶会やセミナーやセッションをするイメージがある人が多いみたいです。ただ、リアルでも仕事をとれるようになると、発信しなくても収入が安定してくるので、SNS起業だとしても、リアルでのお仕事（例えば企業とのタイアップや業務委託契約など）も視野に入れて活動されることをオススメします。

わたしも初めはインターネットで夫婦カウンセラーをしていましたが、企業の経営者や従業員に対してのカウンセリングや、対顧客カウンセリングのレクチャーなど、リアルでの仕事につながりました。SNS集客に関しては、美容院やカフェなどの実店舗からもご要望いただいたり、店舗のプロデュースもさせていただいたりしています。最近ではフォトグラファーとしてもお仕事をいただけるようになりました。

やってきたことはすべて財産ですね。いろいろやってみることのいいことは、自分の肩書きが増えることです。複業家とか、スラッシャーとか、マルチポテンシャライト、ジェネラリスト、器用貧乏などといわれるかもしれません。

例えばわたしだと、行政書士／法務博士／調理師／カウンセラー／経営コンサルタ

ント／店舗プロデューサー／インスタグラマー／フォトグラファー／女性起業家／大学講師……などなど、まだ挙げられそうですが、それぞれの世界ではわたしよりすごい人なんてたくさんいます。

でも、法律ができて、料理ができて、マーケティングができて、カウンセリングができて、写真が撮れて、ＳＮＳ集客ができて、コピーが書けて、経営もして、教育もしている……となると、レアな存在。それが社会でのわたしの価値になります。

例えば、行政書士は全国に４万６０００人くらいいますが、その中で、調理師で、カウンセリングもできて、広告も作れる人ってなると、もう数人レベル。さらに、フォトグラファーで会社も経営してるとなると、わたしぐらいしかいないのではないでしょうか。

コツはなんでもかじるだけではなく、７割くらい習得するつもりでやること。１００％マスターする必要はありません。人に教えられるくらいやり込むことが大事です。

このように、経験を積むことって大事。唯一の貴重な存在になれるからです。そういうスペシャルなあなただから、仕事をお願いしたいと言われるようになります。

行動できる人は強い。そう思っているので、わたしは行動派じゃないけれど、行動するように意識してやってきました。面白いことを見つけると、もう一人のわたしが、「いけいけ」「やれやれ」と背中を押してきます。「どうせ死なないから大丈夫」って。

そうすると、行く先々で見たことのない景色が見えてくるのです。出発するときは勇気が要るけど、進み出してしまえば目の前のことに集中するだけ。例えば、子どもの頃、はじめて習い事に行く日、不安でいっぱいだったけど、がんばって行ってみたら楽しかった、なんて思い出ありませんか？　あれと同じだと思うのです。

もしわたしが一つの専門にこだわっていたら、今でもカウンセラー一本で仕事していたかもしれません。今のわたしよりもたくさんのケースに出会ったことだと思います。それも一つの生き方。

他方、いろいろな肩書きをつけて、自分の価値を上げるのも一つの生き方。女性だからって、妻や母だけが役割じゃないはず。無数の生き方があって、それは自由に選んでいけます。だから、立ち止まるより、チャレンジあるのみです。

自分の視点を捨ててみる

自分を変えるのなんて、すごく簡単です。今まで自分がしていた選択を変えるだけ。他人に自分を変えてもらうことはできません。でも、自分が選択すればいかようにも変われます。

そのときに必要なのが自分と違う【視点】です。

物の見方には、無数の視点があります。りんご一つをとっても、フルーツだという人もいるし、焼いたらおいしそうという人もいます。発酵させてお酒にしようという人もいるし、凍らせたら釘が打てるという人もいます。コーポレートマークにできると見る人もいます。

うまくいかないことが続いたり、変わりたいと思ったりするときは、自分の視点を捨てること。自分のやり方にこだわるから変われないし、自分の殻を破れないのです。うまくいっている人の視点を素直に聞いて素直に実践することが打開策になります。

また次節にも書きますが、誰かとチームを組んだり、コラボレーションしたりすると、自分だけでは作れない成果を生み出すことができるので、世界が広がります。

自分への信頼ができている人が次に目指したいのが、人に頼るということ。

「自分がやったほうが早い」を捨てる

自分で考えて、自分で行動して生きてきた人は、人に任せるよりも、自分でしたほうが早いし確実だし楽、なんて思いがち。しかし、それでは、自分の枠、いわゆる身の丈以上のものに出会えないのです。

わたしも起業した当初は、一人で完結する仕事にこだわってやっていました。人に頼むのも苦手だし、自分のペースを乱されるのも嫌だし、一人が気楽でサイコーでした。それでも十分仕事になるし、お客さんから喜んでもらえることは生きがいだし、収入にもなる。そう思っていたのですが、想定どおりのことしか起こらなくなってしまいました。

それで、新しいことをしようと思って、コラボレーションしたり、チームに入れてもらったりして、仕事の幅を広げていきました。例えば、起業アカデミーを開催したのもチャレンジの一つで、アカデミーの効果を考えたときに、必ず全体にとってプラスになると思う人には、講師として参加してもらったり、アシスタントをお願いしたりしました。チャレンジしてみて思ったのは、もちろん連絡とか相談とか面倒くさいことは増えるけど、それ以上に得られるもののバリエーションが一人のときとは違うということです。ほかの人の仕事のスタンスを間近に見られることがいちばんの刺激でした。そして、それをしたことでさらなる仕事にもつながったり、お仕事の依頼がいろいろな方面から来たりして、経験は自己成長にもつながるし、影響力の幅も変わることを実感しました。

人を育てて任せてみる、コラボレーションしてみる、チームを組む、など、他人を巻き込むことで自分の可能性も成果も広がります。もちろん一人でしていたら起きない面倒くさいことも起こるかもしれません。だけど、その程度の苦労は乗り越えるキャパをすでに持っているし、面倒なことの中にこそ自分を変えてくれる何かがある。とにかく誰かと何かを、結果出るまでやってみる。よかったら、また一緒にすればいいし、そうでもなかったら、違う人としたらいい。

わたしたちには選択権があるから、冒険は怖くない。仕事を自分ひとりで抱えこまずにいろいろな人と分かち合ってつながる経験は、さらにわたしたちを強くしてくれます。

言葉にこだわると世界観がつくれる

例えば、配偶者というのは、「夫」「主人」「旦那」「連れ合い」「パートナー」などいろいろな呼び方があるけれど、どの言葉を使うかで印象はかなり変わります。

正式な場で「旦那」というと教養のない人だと思われるのは言うまでもありませんが、「主人」というか「夫」というかでも印象はかなり違います。「主人」と呼ぶ人は、意識しているか否かに関わらず、自分を配偶者の従者と見せる意図があります。「パートナー」や「連れ合い」と呼ぶ人にはフラットな関係性を築いていると感じますね。

あなたは、配偶者とどんな関係を築きたいですか。「主人」に三歩下がってついていく奥ゆかしい「奥様」なのか。「パートナー」とともに成長していく「同士」なのか。人生を連れ立って歩んでいく「連れ合い」なのか。それとも、婚姻制度に甘んじて「夫」を得た「妻」なのか。選ぶ言葉一つで、その人のメンタリティや世界観はダダ漏れなのです。

また、たくさんの発信者を見て思うことは、影響力のある発信者は、使う言葉の定義を持っています。自由とは？　自立とは？　その定義をしっかり持って、その言葉を使っています。言葉にこだわることで、世界観ができ、影響力を広げることができます。

逆に言うと、言葉を使って論理的に話せない人、意味もわからず言葉を使う人、強い人の言葉をたやすく信じる人、根拠なく言葉を並べる人はうすっぺらいと思われ、チャンスや信用を失うことにもつながりかねません。言葉にこだわると自分のオリジナリティが強化されます。そうなると、誰かにとっての会いたい人、あこがれの人、一緒に仕事をしたい人になれるのです。

信頼できるものの見極め方

自分に見合うものが集まってくる、ということを、今まで生きてきた実感として持っておられる方は多いのではないでしょうか？

わたし自身感じているのですが、自分自身の信頼が高まると、信頼できる情報しか集まってきません。というよりも、信頼できる情報にしか食指が動かなくなります。人も同じで、自分と同じような感覚を持っている人や、持ちたい人しか集まらなくなります。それは、価値観が違いすぎる人と一緒に居るのが苦痛だから。

例えば、バリバリの経営者の集まりに、従業員が一人入ると、すごく居づらいものです。見えている世界や感覚が違い過ぎるからです。でも、この従業員が、経営者の近くに居続け、経営者の感覚に居心地の良さを感じるようになれば、経営者になれるものです。

少し話がずれましたが、自分と感覚の違う人には違和感を感じるということです。波動の法則と同じで、周りを見ていても、「なんでも稼げたらいい」と思っている人は、「なんでも稼げたらいい」という信念でビジネスをしている人の情報をつかみます。そういう人って、自分のことしか見えていないので、自分の現状を客観的に見ることができません。お金が欲しい、彼氏が欲しい、旅行に行きたいと、自分の欲望のことばかり考えています（「酸欠女子」のステージの人ですね）。自分がそれをすることで、周りにどんな影響を放てるのか、そんな広くて高い視点を持てていないので、損得で判断しがちになります。

例えばどんなビジネスでもそうですけど、自分さえ儲かればいいと思って参入する人ほど、儲からなくて「ダマされた」と言います。でも、もっと高い視点でビジネスについて考えられているなら、儲からないのは、自分の責任だとわかるはずです。参入時期の問題か、仕組みの問題かはわかりませんが、気づけなかったのは自分ですから。

なので、信頼できる情報をつかむためには、淡麗女子の視点を持つこと。視点を高く持って、客観的に俯瞰で物事を見ることです。視点の上げ下げができるようになれば、よくわからない情報に左右されなくなります。情報に鼻が利くということです。

本物を知っておけば、偽物は違和感でしかありません。

変化したときに訪れる揺り戻しを知っておく

本やセミナーで知識を得てやる気になるのにその気持ちが長く続かない、という人は、脳をコントロールできていないのかもしれません。

人の脳は、変化を恐れます。だから、進化すると、元に戻ろうとする。例えば、セミナーに行ってセルフイメージが上がって、チャレンジできる気がした。けど、3日経ったら元どおり。例えば、起業アカデミーに通って、人生のステージが変わった。けど、数カ月経つと、ブログの更新意欲が出てこない。自信も前ほど持てない。

例えば、モヤモヤしていたけど、コンサルを受けて、「わたしできる」と元気になった。だけど、1週間後、またモヤモヤ。

こういうのを、「揺り戻し」といいます。

「わたしできる」と思うのは、その能力がその人にあるから。それは、変わるチャンスです。でも、脳が元に戻ろうとしてしまう。わたしたちは高機能な脳を持っているので、仕方のない現象でもあります。

実は、「揺り戻し」があるときによくあるのが、

・前につき合っていた人に連絡をとりたくなる

・昔の友だちと遊びたくなる
・昔の同僚とまた同じ仕事がしたくなる

などなど。タイムリーに向こうから連絡があることもあります。

もちろん、絶対会うなということではありません。昔仲よかった人たちとは、またタイミングが合ったときに、会えばいいのです。昔の状態のままか、成長した者同士になるかは自分たち次第ですが。ただ、せっかく変わろうとしているタイミングで、わざわざ揺り戻される必要はないわけです。

話を戻して、じゃあ脳をコントロールして、揺り戻しを防ぐには、どうすればいいのでしょうか。

2つの揺り戻し対処法があります。

揺り戻し対策その1は、暇な時間を作らない、ということです。

やることがわかっている人は、暇などあるはずがありません。起業している人なら、常にビジネスのことを考えているでしょう。無職など、時間に余裕のある人の進捗が遅くて、主婦やほかに仕事をしている人のほうが進捗が早いというのは、起業コンサルをしていると、よく見る光景。時間が有限であることを知っていると、目の前のことをいかに進めるかに意識がいって、「揺り戻される」暇などないのです。

実際にわたしも、周りからは、暇そうに見られるけど「暇やな〜」と思ったことはありません。やることっていくらでも出てきます。

『目の前にあることに本気で取り組む』

というのが、進化し続ける人の基本マインドです。

そして、揺り戻し対策その2は、意識を高く保てるアイテムを持つことです。

わたしの起業アカデミーでは、この揺り戻し対策に、毎朝、音声講話を配布しています。特に起業初期は、雇われマインドから、起業家マインドへの意識のステージが変わる時期。聴いている人も聴いていない人もいると思いますが、毎朝聞いていた人は、意識を高く保てたはずです。

こういうふうに、意識を高く保てるアイテムを持つというのも有効です。

意識を高く保てる本、言葉、場所、物、人……。

わたしのメルマガやブログ、この本もそういう存在でありたいと思っています。

エピローグ

淡麗女子を目指した時点で淡麗女子になれる

人生には、「足し算」の時期と「引き算」の時期があると思っています。わたしも一昨年から物販を始めるなど、また新たなチャレンジの時期を迎えているのかなと感じています。

独立してからいろいろな経営者の方々に支えられて、ここまで来ました。はじめはお仕事をいただいても、自分に提供できることなんてほとんどなくて、学びの機会をただ与えていただいている状態でした。それでもご指名いただいてお話を伺う、調べまくる、提案する、いただいた仕事を実践する、アドバイスさせていただく、などなど繰り返していくうちに、だんだん自分の役目みたいなことも見えつつある今日このごろ。

――何かが解放される――

というのが、人生の先輩方にわたしが提供できることのようです（あと、こんな変な女はこれを逃したらほかにいないという希少性もあるらしいです）（笑）。こういう目に見えない価値もあるのですね。

起業初期に、病床の母の隣でパソコンを叩きながらオンラインでビジネスをすることで、いろいろな世界を見ることができました。母が他界してからは、リアルでの仕事も増やしていきました。母は最後まで安定しないわたしを心配しているようなふりをしていましたが、わたしと同じくらい「千裕ならどうにかなる」と信じていてくれたに違いありません。

起業しているとか、会社を経営しているなんていうと、すごいね、カッコいいね、なんて言われることもありますが、やってきたことは小さな積み重ねです。コツコツとSNSに投稿したり、丁寧にお話を伺ったり、一生懸命考えて、お伝えして……お仕事を通して、多くの成長をさせていただきました。やっていることなんて誰でもできることですが、このように多くの方に応援されたり、出版させていただけたりするのは、仕事に想いや信念、人生のテーマが込められているかいないかの違いだと思っています。

わたしは燃焼女子のように、ずっと与えてもらうことが多い人生でした。それでもなんとか自分に提供できることを見つけ、それを増やしてきたので今があります。そして、多少の影響力をつけることができたのは、淡麗女子のつもりで、生きる意味や自分の役目を考えて行動してきたからです。自分の損得を超えて全体のために力を尽くすことができる淡麗女子とは

一　美しく決断し行動している

一　しなやかに自立している

一　目に見えない価値を広げている

人のこと。

美しさとは、自分のことを超えて他者のことを思いやれる心です。その心で、責任、自立、影響力を携えているのが淡麗女子。そのように美しく、しなやかに、潔く、生きることが、変化を恐れず、軽やかに歩んでいくひとつのモデルケースになると確信しています。

変化していく世の中で、現状維持は退化を意味します。わたしもまだまだ人生は旅

の途中ですが、これから出逢うひと・もの・ことに、笑顔で向き合えるように、これからも自分の変化を楽しみながら、歩んでいきたいと思っています。

自分らしさは自分の中にあります。女性だから、周りがしているから、と自分の可能性を狭めることはありません。淡麗女子のマインドをインストールし、行動することで人生を変えてきた人たちを見てきて思うのは、変化が速いということ。3カ月、半年、1年と短期間で自分の周りのひと・もの・ことがお気に入りに変わります。わたしもそうでした。変わると決めれば、見える世界はどんどん変わります。望んだとおりに。

自分の人生はカスタマイズ自由です。今まで自分を動きにくくしていた着ぐるみを脱いで心を解き放ち、自由に自分らしいライフスタイルを築く人が増えますように。

おわりに

読者の方へのプレゼントをつくりながら、つくづく人生はつながりでできているな、と思っていました。お仕事の依頼をいただくのは、実際にお会いしたことのある人が多いですが、ＳＮＳなどオンラインでわたしを知ってくださった方もいらっしゃいます。

小さく起業する人をサポートする起業アカデミーも2年目に突入した２０１７年。この本の出版の依頼をいただいたのは、その起業アカデミーがひと段落ついたときに編集者の方とＦａｃｅｂｏｏｋでつながったことがご縁でした。

それがみらいパブリッシングの田中英子さんです。出版という貴重な体験を実現してくださったことに感謝しています。心から御礼申し上げます。

そして、会社員時代にお仕事をご一緒したご縁で、今回アートディレクションまで引き受けてくださった佐藤ユウスケさん。わたしのわがままでカバーのイラストやロゴまで描いてくださいました。いつも、なんだか本当にありがとうございます。ちなみにＬＩＮＥスタンプもこの本の発行に間に合うかわかりませんが、現在制作してくださっています。

そして、いざ執筆しようとすると何を書いていいかわからなくなり、たくさんのアイデアをくれた淡麗女子アカデミーの皆さん。中でも、ちかちゃんをはじめ、めぐちゃん、ひろ子ちゃん、ともみーる、しずかちゃん、くみちゃん、ゆかりさん、あやちゃん、みっちゃん、せきゆりちゃん、ゆりちゃん……にはたくさんのメッセージをいただきました。そして、オンラインサロンで出版のサポートをしてくださった皆さん。この本は、みんなのものです。本当にありがとう！

さらに、わたしの気まぐれなＳＮＳやブログ、メルマガを読んでくださっている皆さんは、わたしの発信のモチベーションです。いつもありがとうございます。

さらにさらに、何をしているかわからないわたしを、常に優しく見守ってくれる大切な友人と家族には、感謝してもしきれません。わたしが何をしても大丈夫と思う理由の根っこはおそらく、友人と家族に恵まれてきたからです。わたしのつながりの原点です。本当にありがとう。

最後に、この本を最後まで読んでくださったあなたにも、たくさんのありがとうを贈りたいです。ささやかながら感謝の気持ちを込めて、プレゼントを用意しました。

本にまとめる上で、紙面上こぼれ落ちてしまった言葉たちを再編集したものです。これから一歩踏み出したい、変わりたい、もっと自由になりたい、自分の幸せを見つけたいというあなたに、本に収録されなかった幻《まぼろし》の章、ぜひ受け取ってほしいです。

淡麗女子という概念に触れて、笑顔が増え、キレイになり、仕事もパートナーシップもバージョンアップしてきた女性たちのように、この本があなただけの自分らしい生き方のヒントになればうれしいです。

◆《幻の章プレゼントはこちらから》http://tanreijoshi.com/book

◆淡麗女子ＬＩＮＥ@では、色が選べるスマホ用壁紙プレゼント中。
スマホからお友だち追加してくださいね。下記ＱＲコードから↓
ＬＩＮＥのＩＤ検索は、@tanreijoshi（@をお忘れなく）から。
※予告なく終了することがあります。

LINE 友だち追加

@tanreijoshi

芳中千裕　Chihiro Yoshinaka

1981年大阪生まれ、女子校育ち。バスケばっかりしていた女子中高時代を経て、お見合いの釣書にちょうどいいらしい大学へ進学。女の子は学をつけると結婚できないよ、と親に説得されるも、大学院へ進学。法務博士号取得。

目指していた弁護士への道を断つ決意をし、企業で法務、マーケティング、管理職を経験し、独立。行政書士事務所と株式会社を設立し代表を務める。現在、法務博士、行政書士、知的財産管理技能士、（財）JADP認定夫婦カウンセラー、全米NLPプラクティショナー 、日本NLPプラクティショナー 、カナダLABプロファイル（影響言語）プラクティショナー、調理師など、法・心理・食の資格とスキルを活かし、起業・経営コンサルティング、マーケティングサポート、物販、カウンセリング 、メディア運営等幅広く活躍。

さらに、教育シンポジウムでの登壇、大学での講義、高校生への授業、淡麗に生きたい女性のための起業アカデミーを東京・大阪で主催するなど、教育にも力を入れており、理論的な説明と個人に合わせた的確なアドバイスが好評を得ている。

運営しているSNSのフォロワー数は、累計10万人を超える人気アカウントとなっている。

ブログ「淡麗女子のススメ」http://bhp-office.com/life/

インスタグラム https://www.instagram.com/chihiro_yoshinaka/

ツイッター　https://twitter.com/chihiro_ysnk

淡麗女子のススメ HP：http://tanreijoshi.com

わたしたちはもっと自由に生きられる
淡麗女子®のススメ

2018年1月1日　初版第1刷

著者　芳中千裕

発行人　松崎義行
発行　みらいパブリッシング
東京都杉並区高円寺南4-26-5 YSビル3F 〒166-0003
TEL03-5913-8611　FAX03-5913-8011
http://miraipub.jp　E-mail : info@miraipub.jp
発売　星雲社
東京都文京区水道1-3-30 〒112-0005
TEL03-3868-3275　FAX03-3868-6588
企画編集　田中英子
アートディレクション・装幀画　佐藤ユウスケ
印刷・製本　株式会社上野印刷所
落丁・乱丁本は弊社宛にお送りください。
送料弊社負担でお取り替えいたします。

ISBN978-4-434-24052-2 C0095